"丝绸之路经济带"与相关区域合作机制研究

Cooperation Study on the Belt & Road Initiative and Regional Economic Institutions

刘鸣 等／著

上海社会科学院出版社

课题组成员

课题负责人： 刘 鸣

课题组组长： 刘 鸣

课题组成员：

张健荣　孙 霞　虞卫东　崔荣伟

刘锦前　廉晓敏　吴其胜　朱硕晟

吴泽林　吴其胜

目 录

引言 ·································· 001

第一章 中哈"丝绸之路经济带"与"光明之路"对接合作 ····· 001
　一、哈方"光明之路"新经济计划基本内涵 ············ 002
　二、中哈"一带一路"对接合作面临的主要困难 ········· 003
　　（一）物流成本高 ······························ 004
　　（二）受到行政干预下的银行金融系统及其问题 ···· 004
　　（三）经济上缺乏产业优势，制约其对等合作积极性
　　　　································· 004
　　（四）财政危机与俄罗斯经济状况削弱其对接能力
　　　　································· 005
　三、中哈"一带一路"对接合作契合点 ··············· 006
　四、未来合作努力方向 ···························· 011

第二章 "丝绸之路经济带"与欧亚经济联盟对接合作 ······· 014
　一、欧亚经济联盟创建与规制 ······················ 014
　二、"带盟"对接的现实推动因素 ··················· 016
　　（一）政治层面 ································ 016
　　（二）经济层面 ································ 017

三、"带盟"对接的重点与挑战 ⋯⋯⋯⋯⋯⋯⋯⋯⋯⋯⋯⋯⋯ 019
  （一）对接的重点领域与地区 ⋯⋯⋯⋯⋯⋯⋯⋯⋯⋯ 019
  （二）解决虚体倡议与实体机构合作的机制问题⋯⋯⋯ 020
  （三）上合组织可以作为对接平台的可行性与前景
    ⋯⋯⋯⋯⋯⋯⋯⋯⋯⋯⋯⋯⋯⋯⋯⋯⋯⋯⋯⋯⋯⋯ 023
四、"带盟"对接的成功关键在于俄罗斯、哈萨克斯坦
  ⋯⋯⋯⋯⋯⋯⋯⋯⋯⋯⋯⋯⋯⋯⋯⋯⋯⋯⋯⋯⋯⋯⋯⋯ 026

第三章 "海上丝绸之路"与印度"季风计划"对接合作 ⋯⋯ 028

一、"季风计划"的战略目标及其进展 ⋯⋯⋯⋯⋯⋯⋯⋯⋯ 029
  （一）战略目标 ⋯⋯⋯⋯⋯⋯⋯⋯⋯⋯⋯⋯⋯⋯⋯⋯ 029
  （二）"季风计划"的两个发展阶段 ⋯⋯⋯⋯⋯⋯⋯⋯ 029
二、"海上丝绸之路"倡议的印方疑虑及与"季风计划"的
  关系 ⋯⋯⋯⋯⋯⋯⋯⋯⋯⋯⋯⋯⋯⋯⋯⋯⋯⋯⋯⋯⋯ 030
三、"海上丝绸之路"与"季风计划"对接可行性分析与
  思路 ⋯⋯⋯⋯⋯⋯⋯⋯⋯⋯⋯⋯⋯⋯⋯⋯⋯⋯⋯⋯⋯ 032

第四章 "丝绸之路经济带"与欧洲"容克计划"对接合作 ⋯⋯ 036

一、内容与发展 ⋯⋯⋯⋯⋯⋯⋯⋯⋯⋯⋯⋯⋯⋯⋯⋯⋯⋯ 036
二、对接合作的重点 ⋯⋯⋯⋯⋯⋯⋯⋯⋯⋯⋯⋯⋯⋯⋯⋯ 038
  （一）金融领域 ⋯⋯⋯⋯⋯⋯⋯⋯⋯⋯⋯⋯⋯⋯⋯⋯ 039
  （二）中东欧地区 ⋯⋯⋯⋯⋯⋯⋯⋯⋯⋯⋯⋯⋯⋯⋯ 041
  （三）国际交通基础设施建设 ⋯⋯⋯⋯⋯⋯⋯⋯⋯⋯ 044
三、扩大对接的战略共识 ⋯⋯⋯⋯⋯⋯⋯⋯⋯⋯⋯⋯⋯⋯ 046

第五章 "丝绸之路经济带"与北非国家发展对接合作 052

一、"地中海联盟"计划主要内容 052
（一）"地中海联盟"计划背景 052
（二）基本内容 054
（三）重启的可能 054

二、欧盟与北非经济合作及北非经济一体化前景 055
（一）欧盟与地中海国家的合作基础存在 056
（二）北非国家一体化的背景 056
（三）北非国家一体化的机遇和挑战 057

三、"一带一路"与北非国家对接合作 059
（一）北非国家对"一带一路"持积极态度 059
（二）中国与北非国家的经贸基础良好 060

四、"一带一路"与北非国家对接主要切入点 061
（一）与北非国家的发展规划对接 061
（二）促进北非国家贸易一体化 063
（三）扩大人文与技术交流 063

第六章 "一带一路"与澳大利亚"北部大开发"计划对接合作 065

一、"北部大开发"计划主要内容 065
（一）"北部大开发"计划背景 065
（二）基本内容 066
（三）实施方式 066

二、"北部大开发"计划与"一带一路"倡议之间的合作 …… 068
  （一）合作的基础与优势 ………………………………… 068
  （二）对接中存在的不利因素 …………………………… 070
  （三）对接合作主要重点 ………………………………… 072
三、实施合作对接的战略思路 ……………………………… 075

第七章 "丝绸之路经济带"与亚太经合组织(APEC)对接合作
………………………………………………………………… 078

一、"一带一路"与亚太经合组织高度契合 ……………… 079
  （一）区域人口重合 ……………………………………… 079
  （二）目标一致 …………………………………………… 080
  （三）方式契合 …………………………………………… 081
二、APEC框架下构建亚太自贸区(FTAAP)进展与障碍
………………………………………………………………… 082
三、未来合作战略思路 ……………………………………… 087

第八章 "丝绸之路经济带"与经济合作与发展组织(OECD)对接合作 …………………………………………………… 094

一、"一带一路"与经合组织对接的重要意义 …………… 095
  （一）经合组织为中国发展和"一带一路"倡议提供
      借鉴 ………………………………………………… 095
  （二）中国的发展实践开阔了经合组织的研究视野
      ……………………………………………………… 096

二、深化与经合组织的合作 ········· 097
三、未来合作战略思路 ············ 101

第九章 "丝绸之路经济带"与经济合作组织(ECO)对接合作 ············ 104

一、"一带一路"与经济合作组织的对接 ····· 106
 （一）贸易畅通 ················ 106
 （二）设施联通 ················ 108
二、未来合作战略思路 ············ 109

第十章 "海上丝绸之路"与东南亚国家联盟(ASEAN)对接合作 ············ 113

一、中国与东盟合作概况 ··········· 113
二、合作现状 ················· 114
 （一）中国与东盟之间的双边性合作机制迈上新台阶
  ··················· 114
 （二）次区域合作机制取得重大进展 ····· 117
三、存在问题与挑战 ············· 121
 （一）既有合作机制的升级 ········· 121
 （二）如何将中国的发展规划与周边国家的具体实际
  相结合 ················ 122
 （三）域外国家的介入 ··········· 123
四、深化中国—东盟合作关系战略思路 ····· 123

（一）以双边合作和小多边合作来推动次区域机制升级 …… 124
（二）做好微观策划，将政策重心下移 …… 124
（三）扎好安全合作篱笆 …… 125
（四）成立新的合作平台，形成综合性机制网络 …… 125

第十一章 "丝绸之路经济带"与南亚区域合作联盟(SAARC)对接合作 …… 127

一、合作现状 …… 128
（一）中国与南盟国家间的双边合作关系 …… 128
（二）印度以抗衡性政策应对"海上丝绸之路"倡议 …… 130
（三）中国与南盟之间的机制化合作程度低 …… 131

二、存在的问题与挑战 …… 131
（一）印度对中国倡议采取选择性合作 …… 131
（二）中国与南盟国家之间经贸不平衡 …… 132
（三）域外国家介入问题 …… 133

三、深化中国—南盟合作关系战略思路 …… 134
（一）孟中印缅走廊建设应成为对接与合作的重点 …… 134
（二）从基层、基础工作做起 …… 135
（三）有针对性地开展对印度的工作 …… 135
（四）推进"海上丝绸之路"倡议需与具体国家情况

　　　　相结合 ……………………………………………… 136
　（五）遏制域外国家的干扰势头 ……………………………… 137

第十二章 "丝绸之路经济带"与海湾阿拉伯国家合作委员会（GCC）对接合作 … 139

一、合作现状 ………………………………………………………… 141
　（一）能源合作是双边经济合作主要内容 …………………… 141
　（二）中海自贸区谈判进入冲刺阶段 ………………………… 142
　（三）"海上丝绸之路"倡议与海合会的经济发展规划
　　　　对接顺利 ……………………………………………… 143
二、存在的问题与挑战 …………………………………………… 144
　（一）海合会政治乱局对双边经济合作影响巨大 …………… 144
　（二）中国在海合会的经济合作缺乏针对性与多元性
　　　　…………………………………………………………… 145
　（三）伊斯兰文化影响具有制约性 …………………………… 146
三、深化中国—海合会合作关系战略思路 ……………………… 147
　（一）正确研究与判断形势 …………………………………… 147
　（二）对海合会的内变要未雨绸缪 …………………………… 147
　（三）中国的活动要降低军事敏感度 ………………………… 148
　（四）确保各种合作项目不受卡塔尔危机影响 ……………… 148
　（五）可优先考虑谈判双边自由贸易区 ……………………… 149
　（六）深入探讨重点领域常态化合作机制建设 ……………… 149
　（七）需定位迪拜为交通港口枢纽连接合作重点 …………… 150

（八）补齐经济合作短板 …………………………………… 150

（九）提升品牌、服务与文化禁忌意识 …………… 151

（十）加强人文交流 ………………………………………… 151

参考文献 ……………………………………………………………… 152

后记 …………………………………………………………………… 155

引 言

2013年9月,习近平总书记访问哈萨克斯坦,在纳扎尔巴耶夫大学发表重要演讲,首次提出了共建"丝绸之路经济带"的倡议。在推进3年多以来,"丝绸之路经济带"建设取得了显著成效,该倡议所包含的"和平合作、开放包容、互学互鉴、互利共赢"的价值理念也逐渐被沿线国家所接受。

"丝绸之路经济带"倡议涉及众多国家和地区,且沿线目前已存在各种合作倡议与合作机制,因此如何处理"丝绸之路经济带"倡议与相关地区经济合作机制之间的关系,事关"丝绸之路经济带"倡议的顺利落实。然而,当前国内外的研究主要关注"一带一路"本身,关于"丝绸之路经济带"倡议与相关地区经济合作机制之间关系仍缺乏系统性的探讨。例如,经济学界的研究主要关注该倡议的目标、合作内容及其经济影响,侧重该倡议的重点落实项目,如何在该倡议的框架下推动商品、资金、技术和人员流动的自由化和便利化,以及如何通过该倡议的实施带动国内产能转移等;国际关系学界的研究重点在于该倡议的地缘政治意义,包括如何通过该倡议的实施来应对域外大国的地区战略尤其是美国的"亚洲再平衡"战略,深入分析促进中国与沿线国家之间政治和安全关系的战略机遇,以及可能面临的政治、安全挑战等。

随着"丝绸之路经济带"倡议的逐步落实,如何处理好该倡议与现有的各国经济发展战略之间的关系已经被摆上议事日程,成为亟待解决的问题。本书通过借助和融合现有国际问题研究中的国际机制理论、地缘政治理论、区域化理论等研究工具,重点分析"丝绸之路经济带"倡议与部分沿线国家或域外大国的地区经济合作战略之间的关系,包括美国的"新丝绸之路"计划、印度的"季风计划"、哈萨克斯坦的"光明之路"计划、俄罗斯的"欧亚经济联盟"、欧盟的"容克计划"和地中海联盟共同体等,探讨"丝绸之路经济带"倡议与这些地区经济合作战略之间接轨的契合点以及面临的障碍,并在此基础上提出推动"丝绸之路经济带"与相关地区合作机制之间实现良性互动的对策。

由于沿线各地区现有的经济合作机制具有不同的历史和现实背景,在具体推动与"丝绸之路经济带"的对接上面临着不同的机遇和挑战。通过对"丝绸之路经济带"沿线几个重点地区合作机制的分析,我们认为在推动双方的合作对接上,要关注以下几点:首先,要从战略上解决或缓解互信赤字问题,突出经济合作的绝对收益而非相对收益导向;其次,要充分发挥政府高层对话机制的引领作用,为双方的对接合作提供必不可少的政治动力;再次,积极搭建政府和企业层面的对接平台,确保对接合作具有制度上的保障;最后,应该将对接落实到具体的合作项目当中,尤其是要突出重点领域与核心项目,提高合作对接的可持续性。

第一章　中哈"丝绸之路经济带"与"光明之路"对接合作

哈萨克斯坦地处欧亚大陆结合部，是贯通亚欧非大陆及附近海洋中的枢纽。古丝绸之路横贯哈萨克斯坦全境，原首都阿拉木图更是丝绸之路的咽喉，是古代中国通往中亚之路的必经之地。哈萨克斯坦油气资源十分丰富。其中，石油剩余可采储量39亿吨，位列世界第12位，占中亚第一；天然气储量3.9万亿立方米，在中亚仅次于土库曼斯坦。哈萨克斯坦同时也是中亚天然气管道重要的气源地，2014年通过长输管道的天然气净出口量达到65亿立方米，仅次于土库曼斯坦和乌兹别克斯坦，为中亚地区第三大产天然气出口国。正因为如此，习近平主席2013年选在哈萨克斯坦宣布"丝绸之路经济带"倡议（简称"一带"）。此后，哈萨克斯坦总统纳扎尔巴耶夫提出了"光明之路"新经济计划（简称"一路"）。这是两国领导人分别提出的对外经济合作构想，前者是向中亚、中东欧与欧盟重点推进,实施互联互通;后者是东联中国、西接欧洲,力争成为东西结合的中枢通道与经济合作的交汇区。

面对当前不利的世界经济形势与深陷危机中的俄罗斯经济,无论是"欧亚经济联盟"还是欧盟,都已无法让哈萨克斯坦搭上经济起飞的快车,继续保持经济增长的势头。哈萨克斯坦对外经济活动的首要方向就是与中国加强经济合作,融入中方的"一带"建设倡议,顶住下行压力,为相关国家开展产业产能合作提供示范,同时实现与世界经济接轨。为此,利用外部对哈萨克斯坦发展的各种有利因素,全面调动国内发展潜力,使中哈"丝绸之路经济带"与"光明之路"(简称"一带一路")全面对接,已经成为哈萨克斯坦的国家战略。

一、哈方"光明之路"新经济计划基本内涵

2014年11月哈萨克斯坦总统纳扎尔巴耶夫发表的题为《光明之路——走向未来之路》国情咨文,就"光明之路"计划进行了全面而具体的阐述。根据该国情咨文介绍,"光明之路"计划与《哈萨克斯坦2015—2019年工业创新发展国家纲要》《哈萨克斯坦2030年前国家战略发展规划》和《哈萨克斯坦2050年发展战略纲要》密切相关,是哈萨克斯坦为全面振兴经济、跨入世界发达国家前30行列而采取的与全球同步发展的步骤。从该经济计划出台背景来看,它既是哈方为应对当前经济危机而制定的为期5年的经济改

革发展规划的一部分,也是与中方"一带"倡议中的合作内容进行政策对接的构想。从经济改革发展规划看,它主要是加强国家对社会经济的宏观管理,有效利用国家贮备资金,大力发展哈萨克斯坦国内社会经济基础设施和中小企业。该计划包含七大重点:建设物流运输基础设施、提升工业基础设施、发展能源基础设施、对社会公共事业基础设施实施现代化改造、加强住宅基础设施建设、发展社会教育基础设施、提升中小企业积极性。

根据"光明之路"新经济计划,实施规划的资金投入总规模为6万亿坚戈(哈萨克斯坦货币),其中将有100家外商企业参与,哈萨克斯坦投入比重占15%。2016年起实施9条交通运输走廊项目建设(包括"欧洲西部—中国西部"通道)。并且继续开展三个方向的公路建设:"中—南"—阿斯塔纳—卡拉干达—阿拉木图、"中—东"—阿斯塔纳—巴甫洛达尔—卡尔巴套—乌斯季卡缅诺戈尔斯克、"中—西"—阿斯塔纳—阿拉卡雷克—托尔盖—伊尔古兹—沙尔卡尔—别伊涅乌—阿克套。3条交通走廊总长3 535千米,投资额拟为15 880亿坚戈。

二、中哈"一带一路"对接合作面临的主要困难

目前哈萨克斯坦在与中国对接"丝绸之路经济带"方面存在以下问题有待克服。

(一)物流成本高

哈萨克斯坦缺乏发达的物流运输基础设施,也缺乏成熟的建立在国际通行货物运输终端技术基础之上的交通运输调度服务系统,造成商品流通受阻,物流成本非常高。在 2010 年世界银行物流绩效指数(Logistics Performance Index,LPI)排名中居第 62 位,而 2014 年在世界 160 个国家中居第 88 位,预计到 2020 年将达到第 40 位。

(二)受到行政干预下的银行金融系统及其问题

建国初期,哈方银行金融系统比较独立,但 2007—2008 年金融危机后,国家开始对银行系统进行行政干预,银行自由运行和对市场调控能力开始下降。目前,哈方银行金融系统高度依赖其国内政治,不再从财政上发挥推进经济改革的市场杠杆作用。虽然这有利于加大国家对专项规划投资的影响力,银行系统可参与国家规划的项目投资,但金融市场的自由调控力与对企业经营业绩的要求降低了。由于政府对银行的全面掌控,也影响到哈方企业家对同中方"一带"合作项目对接的积极性。

(三)经济上缺乏产业优势,制约其对等合作积极性

过去几年,石油收入大幅下降影响了哈萨克斯坦经济发展优先项目的投资能力。哈萨克斯坦国家经济奉行多元化政策,经济

增长依赖于外来投资,其司法制度与经济政策以保障市场的自由运行为基本原则。"一带一路"项目开始后,这个原则执行发生了调整,中方到哈方的一系列合作项目多半不是按照市场机制确立的,而是由双方政府决定的。其中,不少项目是资源密集型的,由于哈萨克斯坦经济主要优势是天然气等资源,它的经济地位主要是天然气的输送国或过境方,不具有产业上主导性能力,这极大地限制了其参与中方"一带"倡议的能动性,即哈方只能承担建设"一带"运输走廊基础设施的基础工作,显然这样的安排无法满足哈萨克斯坦国家经济利益。

（四）财政危机与俄罗斯经济状况削弱其对接能力

前几年哈萨克斯坦经济保持长期增长主要因素是高油价与相对稳定的俄罗斯及其苏联地区的经济增长与政治局势,包括相对稳定的俄罗斯卢布。近几年世界油价的低迷、俄罗斯面临西方的经济制裁,使哈萨克斯坦遭遇了近两年来最严重的货币贬值,外汇储备损失达240亿美元,也重创了哈萨克斯坦经济增长。当前哈萨克斯坦财政预算出现严重失衡,许多社会与教育事业单位、国家机构、单一体经济城市陷入财政赤字困境,不得不削减预算、暂缓实施地区发展规划。货币贬值和国家采取的"节省预算资金"措施制约了内需潜力,影响了居民经营的积极性,也导致了部分"资本外逃"。

为从根本上走出经济困境,哈萨克斯坦政府出台了"百步计划"改革措施,意在进行国内制度的深化改革,提高本国的竞争力,在地区经济合作中扮演重要角色,并成为中方"一带"建设中的优先合作伙伴。为此,它一方面努力健全哈萨克斯坦金融经济系统;另一方面对投资政策的多个方面进行调整,确保该政策能够适应经济合作与发展组织标准,其涉及的产业与行业包括:加工业和产品服务业、物流运输业、地质勘探、卫生与教育、农工综合企业、基础设施建设、公私合作经营、信息产业。另外,哈萨克斯坦自成为经济合作与发展组织投资委员会成员后,还试图通过入世、参与中方"一带"、成为欧盟合作伙伴、参与欧亚经济联盟与上合组织等各种模式,以寻求恢复经济的增长,然而这一切尚未取得成功。在这种情况下,它在与"一带一路"接轨方面就存在着严重的结构性困难。

三、中哈"一带一路"对接合作契合点

2015年5月中俄签署关于"一带一盟"建设对接合作声明,这是中俄两国的最新政治立场。作为欧亚经济联盟创始国与成员国,哈萨克斯坦更强调中哈之间"一带一路"对接合作的对等性。哈方计划把其"一路"计划融入中方"一带"建设中,打造中哈命运共同体,实现两国共同发展、共同繁荣。

就中哈"一带一路"对接合作而言,重要的是去寻求双方对接合作的利益切入点和交汇点,其中包括合作方式和领域。哈萨克斯坦最大的优势是区域物流的中枢区与过境地,因此,双方对接的

核心重点当在于此。

以建设物流运输基础设施,完善货物运输终端技术基础之上的交通运输调度服务系统为主要切入点,尽快打造区域物流枢纽区,以建设"中国西部—西欧"高速公路(简称双西公路),构建阿斯塔纳与各地区间的公路、铁路和航空运输干线网。哈萨克斯坦不仅要扩建亚洲与欧洲之间的运输走廊,而且还要建设贯穿东西南北的交通干线。"双西公路"途经中国、哈萨克斯坦和俄罗斯三国数十座城市,总长 8 000 多千米。2017 年年底,"双西公路"中国段正式通车,哈萨克斯坦境内路段已基本完成,不久将正式通车。全线通车后,中国和西欧国家间公路货运量将提高 2.5 倍,仅车辆维修每年将为沿线国家带来 3 亿美元收入。在中国批准加入联合国国际公路运输公约(TIR)后,中国通过铁路和公路向欧盟出口比例(10%)将得到提高,因为运输的时间和成本大大降低。

"双西公路"与各地区间的公路形成运输干线网后,中国还需要协助哈方配套建设现代物流运输基础设施,建立过境物流运输的集装箱多式联运服务系统,为管理这些设施的工作人员提供培训。其中物流基础设施包括在阿斯塔纳和希姆肯特等 10 个城市与地区建设物流运输中心,内含冷库、蔬菜贮藏库、立体仓库和露天场地的仓库综合体。公路沿线新的企业和配套设施有望为当地提供可观的就业机会。

自 2011 年 3 月 19 日重庆首趟"渝新欧"班列开行以来,其他还有成都、郑州、武汉、苏州等 16 个城市陆续开行了去往德国杜伊斯堡、汉堡、西班牙马德里等12个欧洲城市的中欧集装箱班列。目前,新疆霍尔果斯铁路口岸已铺设班列运行线路39条。在此情况下,中哈原定沿"中国—哈萨克斯坦—里海—高加索—土耳其—欧洲"线路的集装箱列车项目("丝绸风"计划)就一直未有新的进展。因为"丝绸风"计划线路比较复杂,需经"哲兹卡兹甘—别伊涅乌"铁路、"阿利亚特"国际海运贸易港(阿塞拜疆)、"巴库—第比利斯—卡尔斯"铁路(土耳其),其中既有铁路,又有海运。虽然其铁路线总长度为4 192千米,低于"渝新欧"国际铁路大通道的11 179千米,但加上海路,其总运输时间为12—14天,比"渝新欧"多两天。

但随着"巴库—第比利斯—卡尔斯"(BTK)铁路开通,将欧亚两大洲之间运输距离缩短至600千米,将为中欧班列提供新一条可选路径。

在产业对接方面,根据2015年3月签署的236亿美元的产能合作协议及关于中方产能转移迁往哈萨克斯坦境内的计划,目前已有上千家中资企业进驻哈萨克斯坦,在汽车、石油、天然气、矿产资源开发、基础设施建设、农业、新能源、农工综合体、化工、机器制造等方面开展广泛的合作。投资项目总数为52项,总投资额为240亿美元,将为哈萨克斯坦提供19 000个新的就业岗位,哈萨克斯坦政府已拨款90亿美元专项资金,以确保这些投资项目逐一实施。这是双方落实"一带一路"对接合作的重大具体步骤。中方需要发挥其在资金、产能和技术等方面的优势,在未来5—10年内建立起一大批产业园区,为哈萨克斯坦在上述领域打造好产业发展基础。

由于哈萨克斯坦有10个经济特区("布拉拜"旅游经济特区、巴甫洛达尔石化经济特区、国家工业石化技术园经济特区、阿斯塔纳—新城建筑与工业经济特区、阿克套海港物流与交通经济特区、萨雷阿尔卡冶金-金属加工经济特区、昂图斯季克纺织经济特区、塔拉兹化工化学园经济特区、IT创新科技经济特区、霍尔果斯东大门贸易、物流经济特区)与5个工业园区,我们重点投入的应该是一部分经济特区,因为其中几个特区具有明确功能和发展模式,拥有专业的管理运作基础,特别是阿克套创新技术园区是哈萨克斯坦经济特区发展的典型,占哈萨克斯坦全部经济特区产值的22%。另外,新加坡裕廊国际顾问管理公司已为所有的特区制定了三个阶段战略发展规划,这对中哈工业园区对接是有利的。

对于哈萨克斯坦重点的国家石化工业园区,考虑到邻近的中亚、俄罗斯等均是资源型国家,这些区域内人口较少,市场有限,因此在对接过程中可重点选择农用化工产品,以及涂料、橡胶等产品进行适度合作,其农用化学品消费增长势头较好,国内相关产品生产能力有限。若主要考虑我国国内市场,就需以乙二醇、天然气等产品为主进行合作。

根据《哈萨克斯坦新工业化:2014年和第一个五年计划的成果》与中国方面的规划,霍尔果斯已经被赋予多重地位:对于哈方来说,它是丝绸之路一个重要的陆港,跨境自由贸易区;对于中方来说,它是中哈国际边境合作中心,也是铁路、公路、管道及航空等枢纽组成,集客流、物流和信息流于一体,兼具客货运输、仓储和电子商务等功能于一身的国际物流中心。它也是综合保税区,服务全疆和全国丝绸之路经济带战略的支点。自霍尔果斯铁路口岸临时开放以来,截至2016年4月,海关共监管列车7 335列298 854节,进出境货物总量258.48万吨,铁路口岸吞吐能力达1 900万吨。

目前哈方已完成陆港的第一批配套设施建设,霍尔果斯—东大门经济特区基础设施建设,设立了阿特劳和塔拉兹的国家石化工业园区。但哈方一侧管理需要进一步完善,与其主要城市连接不畅问题需要解决。中方在口岸站一期工程全部建设完成后,需要尽快上马第二期工程,扩大建筑面积,完善各种设施,争取到2020—2030年吞吐能力达3 000万吨。中哈国际边境合作中心中枢已完成15亿元基建建设,具备了商业开发基础。在此基础上,霍尔果斯将打造为伊犁的"国际物流港、国际金融港、国际航空港、国际信息港和国际旅游谷"(四港一谷)的先行区,建成一个横跨中哈的中亚自由经济贸易区,成为共建丝绸之路经济带的重要窗口。

西方、中方及哈方企业可以在哈萨克斯坦设立生产基地,重点发展哈萨克斯坦的六大产业:加工业和产品服务行业;物流运输、地质勘探、卫生与教育;农工综合企业;基础设施建设;公私合作经营和高科技信息产业。三方企业可以创建合资企业产品品牌,制定统一的质量标准和贸易条件,确保产品最终能够进入欧盟、美国、东亚及中国市场。

四、未来合作努力方向

哈萨克斯坦是一个前社会主义国家、一个在威权领导下的转型体国家,我们在推动与其"一带一路"对接合作过程中需要充分考虑其国情特点,按照实事求是、循序渐进、平等协商、义利兼顾、平衡类别、突出重点的原则行事。根据上述对接构想,双方宜在以下方面作出共同努力,积极推进。

(一)应把哈萨克斯坦列为"丝路基金"和亚投行投资项目的优先合作伙伴,把中哈"一带一路"的重点项目纳入资助评估。

(二)为了吸引哈方民营企业和商业银行积极参与中哈"一带一路"对接合作项目,有必要成立中哈"一带一路"对接投资基金,设立小额贷款项目,实施资产抵押贷款优惠政策,重点扶持参与"一带一路"对接合作项目的哈方中小企业,以解决其面临的资金短缺、融资困难的具体问题。

(三)与俄罗斯协商,尽快建立上海合作组织开发银行,采取多渠道、多机制方式推进"一带"与上海合作组织成员国之间的务实经济合作。

(四)为了有效保证中哈签署的52项产能转移投资项目,应优先推进石化、机器制造、电力、基础设施、加工业、矿山冶金和农工综合体领域的产能合作。中哈双方需要成立由各方专家组成的联合工作组,以对项目的实施、进展、存在问题、绩效以及资金使用情况进行跟踪监督,并随时向两国政府主管部门反馈整改意见。

(五)为了保持双方贸易稳定,加快推进两国贸易升级,提高贸易水平及其竞争力。应拓宽贸易合作领域,发展农牧业、旅游业、文化产业等,逐步实现贸易结构优化,降低贸易成本。可通过新疆霍尔果斯跨境电子商务平台,大力发展跨境电子商务等新型商业模式,推进"平台+通道"的现代贸易模式,使之成为中哈"一带一路"对接合作的新载体,扩大现代服务贸易规模。

(六)在推进中哈经济合作过程中,中方应该加快与哈方就简化两国签证制度进行洽谈,使中哈签证制度向中俄签证制度看齐。加大两地人员商业和人文往来,有助于增强中哈互信、互利、互助,进一步扩大民众交流与往来。

(七)考虑到"一带"项目建设的长期性与纳扎尔巴耶夫总统的政治继承问题,我们需要根据国际规范,对合作协议进行法律上的国家承诺和担保,确保今后发生政局变动后合作项目仍然能够继续实施,或同意接受国际仲裁,降低投资的政治风险。

(八)哈萨克斯坦法律不完善,人才储备不足;政府存在贪腐问题,效率低下;投资环境较差,回报率不高;哈萨克斯坦中央与地方政府在双方合作过程中,均会有官僚主义、保护主义倾向。对于这些体制性的问题,在对接中既要对相关政策、法规、语言方面的差异进行充分的调研,也需要通过双方的最高工作机制进行沟通与协调,力促哈方在制度上、法律上进行改进与完善。同时建立投诉与监管机制,对存在的问题进行调查与解决。

(九)为保障本国就业,哈萨克斯坦政府要求在哈萨克斯坦的中国企业按照较大比例的劳工配额雇用当地员工,但实际上由于缺乏专业技能,哈萨克斯坦劳工难以胜任相应工作。对此,我们既需要让哈萨克斯坦适度放宽有关配额比例,同时双方宜建立职业培训机构与任职考评机构,确保哈萨克斯坦合格的劳工能够胜任工作,而不能胜任的就要被淘汰或接受转岗再培训。

(撰稿人:张健荣、刘鸣 上海社会科学院国际问题研究所副研究员、研究员)

第二章 "丝绸之路经济带"与欧亚经济联盟对接合作

2015年5月,习近平主席访俄期间,中俄两国在莫斯科发表了《中华人民共和国与俄罗斯联邦关于丝绸之路经济带建设和欧亚经济联盟建设对接合作的联合声明》。将对接合作的最终目标设定为开辟"整个欧亚大陆的共同经济空间",该声明的发表对"一带一路"倡议在欧亚大陆的落实无疑起到重要的推进作用。

一、欧亚经济联盟创建与规制

欧亚经济联盟是由最初的俄罗斯、白俄罗斯、哈萨克斯坦关税同盟逐步演化发展而来的,旨在为相互间自由经济往来消除障碍,保障商品的自由流通和良性竞争,最终为各方经济的可持续发展提供保证。

成立这样一个联盟的设想最初是由哈萨克斯坦总统纳扎尔巴耶夫提出的。1994年3月,他在莫斯科提出在共同的经济空间和国防政策基础上建立一个欧亚联盟。此后,三国组成关税同盟。2014年5月29日,俄罗斯总统普京、白俄罗斯总统卢卡申科、哈萨克斯坦总统纳扎尔巴耶夫签署了《欧亚经济联盟条约》。

欧亚经济联盟于2015年1月1日正式启动,亚美尼亚、吉尔吉斯斯坦先后加入联盟,塔吉克斯坦将在全面权衡利弊后再决定是否加入欧亚经济联盟。联盟原定计划2016年建立统一的药品市场,2019年之前建立统一的电力市场,2025年之前建立统一的石油、天然气市场。到2025年俄白哈三国将实现商品、服务、资金和劳动力的自由流动,终极目标是建立类似于欧盟的经济联盟,形成一个拥有1.7亿人口的统一市场。目前成员国为白俄罗斯、哈萨克斯坦、俄罗斯、亚美尼亚、吉尔吉斯斯坦5个独联体国家。

根据条约,欧亚经济联盟遵循国际法公认的原则,包括尊重各成员国的主权平等和领土完整,尊重成员国各自的国家和政治体制特点,保障互利平等的合作,关注各方国家利益。同时,在欧亚经济联盟的条约中,对各种决议的表决程序有相应公平与民主的机制:根据情况采取一致同意或2/3多数同意的方式作出决策,以避免出现一方主导联盟的情况。①

---

① Евразийскаяэкономическаякомиссия, Евразийскийэкономическийсоюз. Вопросы и ответы. Цифры и факты[M],2014,c76-78.

二、"带盟"对接的现实推动因素

(一)政治层面

冷战结束与全球经济一体化的发展并没有改变俄罗斯与西方之间的地缘政治竞争格局。冷战结束后俄罗斯曾经在战略布局上冀求与美国接近,与欧盟实现融合,但西方并不愿意在盟国化的机制上接纳一个文明传统、战略文化、政治体制与其存有重要相异性的俄罗斯。2009年,欧盟启动了接纳乌克兰、摩尔多瓦、格鲁吉亚、阿塞拜疆、亚美尼亚和白俄罗斯为成员的"东方伙伴关系"计划,从军事和经济上将触角伸向后苏联空间。格鲁吉亚战争、乌克兰危机使得俄美间关系持续下行,俄罗斯在面向大西洋方向上的发展空间不断受压与受挫,在世界舞台上的大国地位及作用也受到美国单极化优势挤压。

同样,在亚太地区,美国前总统奥巴马的亚太再平衡战略对我国在东海、南海的力量发展实施了全面性的战略对冲。中美在全球范围内虽有广泛的合作,但战略冲突的烈度在逐渐增加。从中国的经济发展优势与战略拓展的空间视域审视,今后几十年利用我们的经济优势,在我们周边区域与海域进行通道与产能合作区的建设,扩大我们在太平洋与印度洋的活动空间,拓展在中亚、中东欧的经济与人文合作,最终形成海陆互联互通与战略力量布局平衡的大周边空间,将是我们必须积极推进的发展战略。从这个意义上看,中国与俄罗斯应该在欧亚大陆的纵深发展方面有众多的契合点,这也是中国"一带一路"与俄罗斯的"欧亚联盟"对接的战略动力。

虽然俄罗斯作为欧亚经济联盟的成员国,从联盟条约规定的法理层面看,无法单方面代表欧亚经济联盟。但从该联盟的成员架构、各项经济指标占比等因素考量,俄罗斯是该联盟的核心主导力量。"带盟"对接合作声明的签署表明,中俄两国领导层已经达成共识,丝绸之路经济带建设与欧亚经济联盟之间不是竞争性的关系。普京在"带盟"对接合作声明签署后就曾表示,欧亚经济联盟与"一带一路"倡议相互间和谐互补,有助于统一经济空间的形成。

(二)经济层面

欧亚经济联盟是在苏联解体后空间内一体化进程的一次尝试。从欧亚经济联盟的发展演变看,这个一体化进程的主要目的着眼于经济发展层面。欧亚经济联盟致力于在成员国之间实现商品、服务、资本和劳动力的自由流动,并在经济领域进行政策协调。实现成员国国民经济的全面现代化与合作,提高其竞争力,为成员国稳定发展提供条件,提高人民生活水平是欧亚经济联盟的宗旨所在。

然而,欧亚经济联盟的一些数据表现说明,该一体化进程在实现其经济目标方面遇到一系列瓶颈。回顾欧亚经济联盟前身关税同盟运行以来的情况,从绝对值看,成员国内部贸易额达到600亿美元,增长50%,但从相对值看,其增幅却呈现逐步下降趋势。2011年7月1日关税同盟启动后,当年内部贸易额同比快速增长34%,但这一态势未能保持下去。2012年内部贸易额同比增幅回落至7.5%,2013年、2014年连续两年均为负增长,分别下降5%和8%。从更长阶段的贸易紧密度指数和贸易互补性指数衡量,1998—2012年,俄白哈三国贸易紧密度指数也呈迅速下降趋势。在商品贸易互补性方面,1998—2012年,俄白哈的贸易互补性指数均小于1。贸易紧密度指数的下降说明成员国间贸易互补性较小、贸易发展潜力有限。与此同时,俄白哈三国外部贸易的扩张速度远高于内部贸易,域外国家特别是欧盟和中国是关税同盟成员国的主要贸易伙伴。2012年统一经济空间运行后,中国取代俄罗斯成为哈萨克斯坦第一大贸易伙伴。[1] 而目前俄罗斯的第一大贸易伙伴也是中国。

乌克兰危机后,欧盟对俄罗斯采取了制裁措施。特朗普当选美国总统后,虽然有缓和双方关系、松动经济制裁的迹象,但只要克里米亚归属问题没有得到乌克兰、欧盟的认可,美国内部的共识与欧盟的基本立场仍然是延长对俄罗斯的制裁。对于持续走低的俄罗斯经济与欧亚经济联盟中的经济一体化进程来说,这无疑是一个利空信号。因此,与中国丝绸之路经济带寻求某种项目合作或建立协调机制,有助于俄罗斯对冲欧盟方面的负面影响,也是维持欧亚联盟存在的必然选择。

从我国的经济发展趋向来看,我国的改革开放已经处于一个新的阶段。不管是在国内还是在国外的学者中,都存在一种观点,即

---

[1] 李建民:《欧亚经济联盟——理想与现实》,《欧亚经济》2015年第3期。

认为中国资本、产能、技术已开始走出国门寻求利益增长。"一带一路"倡议契合这种趋势,并成为这种趋势的一个积极政策导向。

三、"带盟"对接的重点与挑战

(一) 对接的重点领域与地区

俄罗斯领导人对"一带一路"与欧亚经济联盟对接高度重视,将其视为未来俄罗斯经济的一个重要增长点。由于中国在经济实力上要远远大于俄罗斯及其欧亚经济联盟,对接的过程主要是以我们更多地让利,照顾对方需求的形式作为开端,以此来确保双方能够建立信心、放下戒心,顺利推进可信赖的合作共同体建设。只有在对接逐步取得进展与对方获取较多的实惠后,我们才能够逐步提升对称性的互惠度。从远景观察,欧亚经济联盟的发展必将给中国带来诸多的利益,因为拥有由1.7亿人口组成的巨大消费市场,到2030年经济一体化将给三国国内生产总值额外带来9 000亿美元的增量。

基于这个考虑,我们需要正确解读普京总统的政治表态:推进"带盟结合"符合俄罗斯加强同亚太地区国家的伙伴关系的外交目标,其中加快俄罗斯远东发展是实现这个目标的最重要途径。即双方应该把对接的地区放在远东地区。而从经济领域来看,则重点在高科技、交通和基础设施等。

欧亚经济联盟要在其框架内实现商品、服务、资本、劳动力的自由流动，并进一步消除贸易壁垒及障碍，促进成员国间顺畅通商。这个目标显然需要铁路、公路、港口、航空枢纽的建设，但俄亚经济联盟成员缺乏资金与技术，若中国帮助这些国家进行这方面建设，启动物流、交通基础设施、多式联运等领域的互联互通，配之于获取授权的沿线部分区域合作开发，带动运输中转、工业、贸易及服务业发展，扩大并优化区域生产网络，就是非常理想的对接模式。

目前，从俄罗斯莫斯科经哈萨克斯坦至中国北京的高铁线路设计工作已经启动，中白铁路、中吉乌铁路、中塔铁路已在紧密部署当中。未来丝绸之路经济带与欧亚经济联盟在互联互通领域的对接合作，将从现有的公路、铁路、航空、管道等传统互通建设项目起始，再扩展至电力、跨境电子商务、海关等新兴领域的互联互通。

（二）解决虚体倡议与实体机构合作的机制问题

"一带一路"是我国在国际社会上提出的一种"倡议"，而欧亚经济联盟将自身定位为一个致力于地区经济一体化的国际组织。两者概念范畴的不对称给对接的实践工作带来了政策操作与法律层面的难度，特别是"一带一路"范围广，涉及的国家多，其实施对象是国家间的各种项目合作，既有多边的单一性的项目，也有相互之间互不关联的双边经济合作，这都影响与"欧亚联盟"建立对接机制和平台。

关于"带盟对接"合作的联合声明是由中俄两国签署发布的，但从国际法的角度看，俄罗斯仅仅是一个成员国，它尚无法代表其他4国作出集体性的决定。正因为如此，对联盟中其他成员国国家利益的考量和尊重成为"带盟对接"落实中需要稳妥处理的一个敏感问题。白俄罗斯、哈萨克斯坦、吉尔吉斯斯坦作为独立的国家存在已 20 年有余，各自都有不同的政治经济发展道路，彼此间互信程度依然受到苏联解体后各种后遗症的负面影响，与俄罗斯之间的关系是复杂多面的，因此"带盟对接"的落实不应该，也不可能只局限在中国与俄罗斯的双边层面。

针对以上问题，两国需要在经贸领域寻找具体的对接平台。

其一，在平等和考虑相互利益原则基础上的保护投资，优化商品过境手续，共同制定新产品技术标准，相互开放服务和资本市场等，重视规则、政策、监管、标准等软环境的建设，推进上合组织框架内的区域经济合作。

其二，扩大贸易规模、推进贸易投资便利化，优化市场软环境，减少无形的贸易壁垒，消除各种要素在不同经济体之间自由流动的障碍，采取便利通关的措施，简化海关、卫生检验检疫，提倡电子化报关等，逐步实现商品、资本、服务和技术的自由流动。以上目标争取在 5—8 年内实现。

其三，利用好上合组织平台，组建经济大陆伙伴关系，不仅包括上合组织成员国，还包括欧亚经济联盟成员国亚美尼亚和白俄罗斯。经济大陆伙伴关系协定将由 3 个协议组成：促进商品自由流动和提升贸易规模协议；资本自由流动和投资以及建设有利于增加本币结算比例的良好环境协议；包括建筑在内的服务市场特惠准入协议。这些协议覆盖商品贸易、服务贸易、投资、经济和技术合作、知识产权、竞争、争端解决及其他问题。

其四，于 2030—2040 年在经济大陆伙伴关系的基础上形成欧亚共同经济空间。全面实现自由贸易制度，保障资本自由流动，建立共同金融市场，制定统一商品和服务贸易规则及市场准入规则，形成共同运输服务市场和统一运输体系，建立共同能源市场等。构建地区金融稳定机制。更多使用货币互换、本币结算，多货币并行使用，为未来建立地区货币稳定基金提供路径。

其五，在未来的 3 年左右，中俄应该实施一系列的大型投资合作项目，共同打造产业园区和跨境经济合作区；中俄在高铁、航天、造纸、水泥制造等领域均已达成合作共识；建立以自贸区为代表的跨境经济合作区与产业园，使之成为丝绸之路经济带与欧亚经济联盟对接的主要平台。推动沿线各国实现经济政策协调，开展更大范围、更高水平、更深层次的区域合作，共同打造开放、包容、均衡、普惠的区域经济合作架构。

其六，在以上的每个阶段中，双方均应在高科技方面进行优势互补的合作，如在金融、航空航天、医药、生物等领域建立共同研究的项目。

其七，与其他成员国扩大合作。如中国在海外最大的工业园——中国—白俄罗斯工业园已经建立，在产业园中，中方占股 60%，白方占股 40%。该产业园将聚焦生物医药、电子通信科技、高端制造等领域。中方应努力吸引更多海内外著名企业入园。与哈萨克斯坦的合作，主要鼓励中国钢铁、水泥、平板玻璃等企业赴哈萨克斯坦投资。目前，中哈产能合作已达成 28 项协议，投资总额达 230 亿美元。

（三）上合组织可以作为对接平台的可行性与前景

总体而言，以"带盟对接"声明为契机，可努力发掘上合组织的平台作用；同时，寻求通过双边或小多边的协商谈判成果，推动上合框架内的制度建设。上合组织有中国、俄罗斯、哈萨克斯坦、乌兹别克斯坦、塔吉克斯坦和吉尔吉斯斯坦、印度、巴基斯坦8个成员国和蒙古、白俄罗斯、伊朗、阿富汗4个观察员国，以及土耳其、斯里兰卡、尼泊尔、柬埔寨、阿塞拜疆和亚美尼亚6个对话伙伴国。这18个国家都是丝绸之路经济带沿线的重要国家，遍布《"一带一路"愿景与行动》规划的整个欧亚大陆的六大经济走廊。所以，在实现欧亚经济联盟与丝绸之路经济带对接的问题上必须发挥上合组织平台的作用。

但现有上合组织框架内的合作主要落脚点在安全领域，经济领域内的合作基本上处于停滞状态。在历次上合组织首脑峰会后发布的宣言中，涉及经济的内容总体占很小的比例。因为安全领域已经普遍存在着一致性，例如贩毒、反恐、打击"三股势力"，这些早已是上合组织成员国的共同目标。而在经济领域，由于成员国利益结构复杂，国家之间经常会由于"利益博弈"而无法达成一致性意见，因此制度性建设迟迟没有进展，也决定了上合组织经济合作功能的尴尬定位。

随着形势的变化，俄罗斯在这一问题上的政策出现转向，在2015年乌法峰会后，俄罗斯外交部部长拉夫罗夫表示："对所有成员国来说，上合组织是一个非常适合探讨欧亚经济联盟与丝绸之路经济带对接具体事项的便利平台。"①在中俄的"带盟对接"合作声明中,双方又特别强调通过上合组织平台开展合作。因此,从这些表态与声明来看,上合组织是克服"带盟对接"技术上接口问题的最佳平台,同时其对接过程也将是一个倒逼过程,可以充分发掘上合组织在经济合作方面的潜能,加速推进上合框架内经济合作与机制化建设。

但是,在发掘上合组织作为"带盟对接"平台的潜力同时,需要清醒地认识到下列潜在的问题:

首先,由于上合组织遵循"平等、协商、一致"原则,这使得在上合框架内就某一问题达成共识或协议具有一定难度,双边或小多边的协商反而更具可操作性。例如,《上海合作组织成员国政府间国际道路运输便利化协定》虽已在2014年的上合首脑峰会签署,哈道路运输量将增加1倍,但该协定在全体成员国国内的生效以及最终落实还遥遥无期。与此同时,虽然中俄两国交通运输部门间签署的《关于中俄货运车辆经哈萨克斯坦领土临时过境货物运输协议》已生效,但由于俄哈之间有双边运输协定,而中哈之间尚未签署双边运输协定,所以目前仅是俄罗斯过境哈萨克斯坦进入中国的车辆享受到便利化的条件,而要从中国过境哈萨克斯坦进入俄罗斯的车辆,只能待中哈间双边协定敲定后才可以享受便利化协定带来的利处。目前中哈间正就该协定进行谈判。这种实践经验说明,在上合框架内的便利化协定生效前,通过双边或多个双

---

① Лавров С. Пресс-конференция Министра Иностранных дел России С.В. Лаврова «на полях» саммитов БРИКС и ШОС, Уфа. 9 июля 2015 года.

边的协定,至少可以在一定范围内使有利于经济合作的便利化协定先落地。

其次,就涉及国家而言,当前上合组织成员国与欧亚经济联盟成员国的重合度并不高,目前只有俄罗斯、哈萨克斯坦和吉尔吉斯斯坦三国。因此,在对接过程中,需要考虑到"欧亚联盟"中非"上合组织"成员——白俄罗斯、亚美尼亚两国的利益与关切。目前,中白有工业园区,但与亚美尼亚尚没有这方面合作。上合组织需要与这两国签署合作备忘录,或邀请他们成为"上合"的观察员。

再次,在"丝绸之路经济带"倡议的具体建设和落实举措方面,作为倡议发起国的中国和对象主体俄罗斯、哈萨克斯坦或欧亚经济联盟之间,还存在认知和目标差异。我国丝绸之路经济带建设倡议中很重要的一点就是贸易畅通,主要是指贸易和投资便利化方面。而俄方对中俄"带盟对接"声明的解读重点在于"大力推进由中国资本参与的合作项目,首先是基础设施项目,包括交通和管道"。从目前来看,即使启动"带盟对接"工作,中方所期望达成的贸易投资上的便利化目标并不会得到欧亚经济联盟的积极反应。俄罗斯与哈萨克斯坦对中国资本投入的期待远大于开放其进口市场。

欧亚经济联盟诸国的经济及商品竞争力远不及中国,其前身关税同盟创建时的背景之一,就是为了面对中国在中亚地区日益活跃的经济存在而扩大其内部合作,所以在"带盟对接"过程中不对称的开放性是不可避免的。俄罗斯第一副总理舒瓦洛夫2016年曾表示,欧亚经济联盟开始与中国就贸易协议展开谈判,中国希望欧亚经济联盟下调或者完全取消针对中国商品的关税,但欧亚经济联盟尚未就此作出决策。舒瓦洛夫还称谈判将首先关注非关税壁垒,因为欧亚经济联盟内部还存在未解决的关税壁垒问题。

四、"带盟"对接的成功关键在于俄罗斯、哈萨克斯坦

欧亚经济联盟的成员国之间实力相差悬殊,俄罗斯是该联盟的主导国家,中亚大国哈萨克斯坦是其中不应被忽视的主体。丝绸之路经济带与欧亚经济联盟的对接,将会很大程度上受到中俄双边关系的影响。

中俄两国之间自1996年建立战略协作伙伴关系以来,双边关系发展一直处于上升期,这其中重要原因在于,在当今国际环境下,如此体量且陆路相邻的两个国家间唯一双赢的选择就是彼此交善。但这种紧密关系更多地体现在政治战略层面,两国间目前现有的合作机制虽已相当完善和全面,然而领导层面的战略意愿、承诺与积极推动,以及双方实际市场的开放度、经济实力、体制运行的效率等经济吻合程度上仍然存在较大差距。更毋庸讳言,俄罗斯对本国利益的重要考量始终是基于安全领域,经济领域是其次的。中俄两国间在经济实力上的差异使俄罗斯在"带盟对接"的推进中会有所保留。我们需要在这一过程中利用中俄间的各种政府间合作机制,加强与俄罗斯方面在政策、信息和意图等方面的沟

通,打消俄罗斯方面的疑虑,同时也要维护我国的利益底线。可以预见,对接工作将会是艰难而漫长的,但过往经验表明在政治沟通和对接渠道常态运转下,还是可以取得一定的进展。

在推进"带盟对接"工作中,需要认真考量哈萨克斯坦因素。哈萨克斯坦在苏联解体后虽不足以完全摆脱俄罗斯的影响,但综观其独立后的发展道路和理念,可以明显看出哈萨克斯坦寻求对外政策上的独立,坚持对本国利益的维护,与中国、与其他域外大国都积极发展关系,哈萨克斯坦在中亚、在里海地区有自己的战略布局。作为欧亚经济联盟实际的原始倡议国,哈萨克斯坦不会满意于"这种欧亚一体化理念被克里姆林宫的政治技术官僚所借用"。[①] 在与俄罗斯方面探讨"带盟对接"的问题时,我们必须加强与哈萨克斯坦方面的沟通,关注到哈方的利益诉求。

(撰稿人:廉晓敏、刘鸣 上海社会科学院国际问题研究所助理研究员、研究员)

---

① A.阿姆列巴耶夫:《上海合作组织与丝绸之路经济带建设前景》,《俄罗斯研究》2015年第6期。

第三章 "海上丝绸之路"与印度"季风计划"对接合作

印度"季风计划"又名"香草之路"计划,由印度政府于2014年6月酝酿逐步推出,堪称印度外交政策中最为重要的倡议。该计划主要规划了一个"印度主导的印度洋世界",它包括印度洋周围的东非、阿拉伯半岛,南部伊朗到整个南亚,从马六甲海峡和泰国的整个东南亚地区。这一地区在古代都是印度文明影响的范围。印度明确表示,在这样一个"海洋世界"范围内,印度不仅要在"贸易"领域,而且也要在"文化"乃至"安全"领域发挥作用,利用其历史、文化和地理优势与中国的"海上丝绸之路"计划竞争。所以从实质判断来看,印度规划的重点将是重建这样一个以印度为中心的印度洋秩序。其中,安达曼和尼科巴(Nicobar)群岛将是其重点发展区域。

一、"季风计划"的战略目标及其进展

(一) 战略目标

从战略目标上看,"季风计划"是印度旨在重新连接并建立印度洋国家间联系的一种构想,其形式上是加强印度洋周边的国家在文化价值和文化关切方面的进一步理解。这项计划的主题,不仅关注环印度洋国家间如何利用沟通网络来实现商品、文化、宗教、观念、价值和技术的传播与交换,也重视沟通网络是如何影响移民模式、认同形成和文化变革的。

(二) "季风计划"的两个发展阶段

早在印度国大党执政时期,这一计划就开始酝酿。当时,负责印度海外侨民、人力资源开发事务的国务部长沙希·塔罗尔曾多次提及"印度洋共同体"这个理念。后来,"拉吉夫·甘地中心"的研究人员据此进行课题研究,并最终将其冠名为"季风计划"。该课题完成之时恰逢印度政府换届,莫迪政府对这一计划表示了兴趣。

2014年6月20日印度文化秘书拉文达·辛格(Ravindra Singh)首次提出"季风计划"概念,这是该计划发展的第一阶段。这一阶段的"季风计划"实际上是一个文化项目。印度希望依托印度洋国家的共有历史,强化印度在印度洋地区在文化、心理、认同

方面的存在,扩展印度文化软实力的影响。2014年9月,在拉文达·辛格与外交秘书苏贾塔·辛格(Sujatha Singh)举行关于"季风计划"的特别会议后,"季风计划"进入第二发展阶段,逐渐超越文化项目范畴而成为一项被赋予外交、经济功能的准战略规划。"生产性劳动、天文学、航海学、船舶制造、港口建设、沿岸文化景观、移民和移民社区都将成为'季风计划'的内容。"其目的是打造从南亚次大陆到整个环印度洋的广大区域内以印度为主导的地区合作新平台。其中莫迪政府的"印度制造"计划、"萨迦尔玛拉"计划都有可能与"季风计划"整合在一起。"季风计划"涉及39个印度洋国家,涵盖巴林、孟加拉国、柬埔寨、中国、埃及、伊拉克、毛里求斯、新加坡、泰国、也门、南非、菲律宾和巴基斯坦等。

二、"海上丝绸之路"倡议的印方疑虑及与"季风计划"的关系

从时间点与印度的表述看,"季风计划"是对"海上丝绸之路"的一个反制,印度对"海上丝绸之路"的意图充满疑虑,担心中国会在印度洋沿岸扩大港口与铁路建设的同时,向相关国家派出军队,扩大港口的军事作用,逐步控制印度洋。这些疑虑包括:"海上丝绸之路"与现在的海上贸易运输有什么关系?是取代还是补充?中国在沿线投资建设港口是否有大量中国投资进入相关国家?这些投资是否会有军队或其他安保力量进行保护?特别是

战略界将这一倡议看作是中国对印度的"战略围堵"（strategic encirclement）。其中，印度最反对的就是"中巴经济走廊"，因为它穿越印巴争议的巴控克什米尔地区。

从"季风计划"推进情况看，印度政府主要是加强与印度洋、波斯湾周边国家的经贸文化乃至军事层面的合作。其中最突出的发展是：1. 接受美国提出的"新丝绸之路"计划与印度的"印太经济走廊"计划的对接，参与美国协助印度与邻国的互联互通。2. 批准参加建设伊朗东南部的恰巴哈尔港及其自由贸易区。印度已经与伊朗签订了港口第一阶段投资5亿美元的合作备忘录，拓深海港以接纳深水船舶。由于与瓜达尔港相距不到70千米，且两个港口都定位为中亚国家的主要贸易出海口，印度试图绕开巴基斯坦直接与中亚、阿富汗国家开展经济合作。所以，两港一定程度上的竞争不可避免。3. 推动"向东看"政策，印度视越南为南海海域的重要合作伙伴，两国关系比较紧密，印度一直努力在加强与越南的军事合作，同时扩大在南海的油气开采。4. 通过修建铁路和公路来加速提高其自身内陆与环印度洋各大港口之间的联系，还计划将环印度洋和沿海运输发展为印度的主要运输方式，同时加快实施其包括振兴印度的航运业、造船业、港口业等涉及海洋经济方面的工作。

虽然印度对"一带一路"倡议存在焦虑感，但是，印度官方迄今从未将"季风计划"解读为对抗或反制中国"一带一路"倡议的战略行为，印度外交部发言人也表示，印度的"季风计划"不是和中方的"一带一路"相对的，两者并非平行或互相取代的关系。换言之，两者计划与倡议完全是根据本国的发展战略、对外经济合作的特点形成的,更有其推进的逻辑,不应该把这两者进行无谓的联系。

迄今"季风计划"尚未具体化,目标不清晰明确,内容也不具有操作性。

三、"海上丝绸之路"与"季风计划"对接可行性分析与思路

其一,环印度洋地区恰是中印两大文明的交汇地。自古以来,两大文明友好相处,成为当地文化、经济与社会发展不可或缺的组成部分。其二,虽然双方在边界、战略力量发展、南亚各个关系上存在各种矛盾,但作为两个最大的发展中与快速崛起的经济体,在维持地区和平、推动全球治理、共享经济发展经验上有着广泛的共同利益。尤其是两国都是金砖五国与 G-20 成员国以及亚投行创始国,印度还是金砖银行的行长,所以,双方在许多多边平台上有合作。其三,中国的发展已离不开印度洋。中国对外 39 条主要航线中,21 条途经印度洋;中国外贸 90% 经海上运输,近 7 成途经印度洋;中国原油进口依存度已突破 60%,2/3 以上途经印度洋。而印度在印度洋的安全与贸易中,其地位与作用具有先天的优势。其四,2013 年以来,两国领导人还正式倡导推进"孟中印缅经济走廊"建设。其五,中国与印度洋沿岸国家的经贸、物流、海港、产能区的合作并不排斥印度的作用,而这些国家与印度有着特殊的地

理与历史因素,也希望在中印之间保持平衡,未计划邀请中国军队进入它们的领土活动,这最终会部分打消印度对中国的安全上的疑虑。其六,印度在海上基础设施建设中的技术、经济资源与财力都无法与中国比拼,因此,这些国家要进行海上互联互通的合作,不得不依靠中国,印度也希望从中分享红利。

因此,"丝绸之路经济带"倡议与"季风计划"一定程度上可以对接,具体可从以下五个方面进行推动:

(一)建设和平、和睦的印度洋,确保我们在印度洋的利益,我们需要努力让印度接受,至少不反对"海上丝绸之路"倡议。在能够与"季风计划"及印度的经济发展对接时,就尽量争取。在无法对接,或印度基于安全考量拒绝与"海上丝绸之路"进行合作时,我们仍需保持宽容、耐心与合理的低调,同时按照我们既定计划与利益底线推进"一路"合作项目,以共存并进的方式推进我们的计划。鉴于巴基斯坦、孟加拉国、斯里兰卡、马尔代夫、毛里求斯和塞舌尔等国是"一路"项目的战略支点国或合作伙伴,具有重要的战略价值,我们对与他们的合作计划将一如既往地落实,这包括对瓜达尔港的投资与管理,以科伦坡港口城、汉班托塔港等大项目建设为龙头,推动斯里兰卡临港经济发展和基础设施建设。

(二)提出合作方案,主动化解印方相关疑虑。考虑到印度对"一路"倡议的种种担心以及我们与印度还存在边界、战略竞争、中巴合作、经济竞争问题等掣肘双方发展的因素,我们需在印度最需要的领域,提出各种务实、平等、双赢的合作方案,降低其疑虑。这包括帮助提高印度海上基础设施上的技术水平,为其建造高质量的船只和世界级港口,共同开发海上能源、潮汐能,相互交流深海采矿的技术等。同时支持其推进印度和东盟的海上互联互通。

(三)推动孟中印缅经济走廊的务实合作与发展。孟中印缅经济走廊本身是"一带一路"的重要组成部分。印度政府虽然回避了"一带一路"的发展倡议,但却对孟中印缅经济走廊表现出浓厚的兴趣。这方面我们可以以具体项目投资的方式加快交通运输建设,推动和加强两国在这个项目名义下与孟加拉国的关系,这有助于我们在战略空间层面有更大的回旋余地。

(四)未来可以就南亚地区发展交通和基础设施与印度共同实施项目,找出彼此利益的契合点。印度面临着严重的基础设施供给不足问题,主要表现在公路破旧且不能满足需要、电力供应不足且不稳定、铁路货运线路短、港口陈旧、城市拥挤以及机场过度拥挤等问题。高铁项目应该成为两国合作的重点。中印双方已经同意加快实施钦奈—班加罗尔高速铁路区间项目。中国正在积极推动价值360亿美元的新德里至钦奈高铁项目。合作也可以扩大到第三方,如尼泊尔水力发电潜能巨大,印度对电力能源需求很大,而中国的工程建设能力强大。三方如能拓展这方面合作,合作空间将是巨大的。

(五)文化对接进展也是衡量对接程度的重要标尺。人心和文化对接应该是"一带一路"与印度"季风计划"的战略对接研究的一环。推动文化交流,增进人员往来,有助于逐步化解双方的种种疑虑,消除隔阂与误解,增强彼此信任。

总体上看,按照理性逻辑,中印战略对接有利于两国的根本利益,也有利于推进地区经济合作。中印战略对接可能还要经历较为曲折的过程,但我们在推进"海上丝绸之路"与印度"季风计划"对接的进程中,应放低姿态,主动与印度探讨对接的计划,尤其是避开较为敏感的海上安全问题。中印实现战略对接,有利于亚洲的和平与发展、繁荣与进步。中印战略对接是以非零和的方式建构非对抗性的新型战略合作模式。这一模式的示范效应有助于其他大国协调彼此战略,防止战略冲突。中印战略对接对"一带一路"倡议与其他国家的战略对接也将形成重大示范作用。

(撰稿人:刘锦前、刘鸣 上海社会科学院国际问题研究所助理研究员、研究员)

第四章 "丝绸之路经济带"与欧洲"容克计划"对接合作

一、内容与发展

"容克计划"(Junker Plan),又称为"欧盟基础设施投资计划"(EU Infrastructure Investment Plan),是欧盟于 2014 年年底出台的大规模投资计划,总投资额高达 3 150 亿欧元,主要目标是促进增长、增加就业。具体包括:在不增加公共债务的情况下增加投资;支持关键领域内的项目和投资,包括基础设施、教育和研发创新;消除行业以及金融和非金融投资壁垒。"容克计划"最主要的内容是在欧盟层面为项目规划和实施提供支持,主要包括项目设计过程中的技术援助、创新性金融工具的使用、公私伙伴关系(PPPs)的应对方案。①

"容克计划"与中国"丝绸之路经济带"倡议的总体战略目标有契合点,但侧重点并不完全一致。"丝绸之路经济带"的最终目的是建立跨境产业园区,形成中国与中南亚、中东欧的新的产业分工带,使相关国家分享中国的发展机遇。行动重点是基础设施的建设和互联互通。"容克计划"的行动重点主要是投资欧盟优先推进的基础设施,尤其是宽频和能源网络,产业中心的交通基础设施,教育、研究和创新,以及再生能源和能效项目。

鉴于欧洲复兴面临的困境,学界认为欧盟"容克计划"对欧洲经济复苏的意义不大。②"容克计划"总共 3 150 亿欧元的投资规模相较于欧洲巨大的投资缺口尚显不足,投资重要领域和地域有限,主要是局限于欧洲发达国家的战略性基础设施项目,如 2015 年 5 月批准的法国能效项目、北欧和西欧可再生能源及相关的输送管道项目、芬兰的降低使用工业能源项目、西班牙的天然气输送改进项目等。③ 此前西欧主要国家已经制定了本国的发展战略,如德国"工业 4.0 战略"、《英国工业 2050 战略》,法德还提出了共同投资计划,作为"容克计划"的一部分。④ 因此,"容克计划"将与各国

---

① "The European Fund for Strategic Investment (EFSI)," http://ec.europa.eu/priorities/jobs-growth-investment/plan/efsi/index_en.htm.
② Fabio De Masi, Paloma Lopez, Miguel Viegas, "Juncker-Voodoo: Why the 'Investment Plan for Europe' Will Not Revive the Economy," http://www.ceps.eu/system/files/IEForum62016-3.pdf
③ "The European Fund for Strategic Investment (EFSI)," http://ec.europa.eu/priorities/jobs-growth-investment/plan/efsi/index_en.htm.
④ 《法德为振兴经提出共同投资计划》,http://www.mofcom.gov.cn/article/i/jyjl/m/201504/20150400930592.shtml。

发展战略相结合,以获得各国支持并得以有序推进。

欧盟最初质疑中国投资发展中国家是"新殖民主义"、"资源威胁",是输出"中国模式"。① 中国"丝绸之路经济带"倡议被称为中国式"马歇尔计划"。② 但是基于对地缘政治、经济利益和战略平衡的考量,欧盟对中国"一带一路"倡议的评价和期待发生了转变。例如欧盟委员会主席容克曾表示,其倡导的欧盟战略投资计划与中国的"一带一路"倡议可以在许多方面实现互动和对接。"一带一路"不仅惠及中国自身,与中国经贸联系日益密切的欧洲国家也将从中受益。③ 欧洲智库更是把"一带一路"倡议视为中国的"第二次开放",富有极大创意但还有很长的路要走。④ 可见欧洲国家对"一带一路"倡议的评价和期待在上升,未来双方合作空间很大。

二、对接合作的重点

2015 年中国与欧盟建交 40 周年之际,中欧达成一系列重要共识,双方同意要推进三大对接,即中方的"一带一路"倡议与欧洲的发展战略相对接;中国国际产能合作同欧洲"容克计划"相对接;中

---

① 金玲:《"一带一路"与欧洲"容克计划"的战略对接研究》,《国际展望》2015 年第 6 期。
② Michele Penna, "China's Marshall Plan: All Silk Roads Lead to Beijing?" *World Politics Review*, December 9, 2014.
③ 《中欧战略合作有利于世界和平与发展》, http://news.xinhuanet.com/world/2015-06/28/c_1115746161.htm。
④ François Godement, "Introduction: European Council on Foreign Relations," in François Godement, Agatha Kratz, eds., "One Belt, One Road: China's Great Leap Outward," http://www.ecfr.eu/page/-/China_analysis_belt_road.pdf, p.3.

国与中东欧"16+1"合作与中欧整体合作相对接。[①] 中欧将尽快完成双边投资协议谈判工作,中国将为欧洲战略投资基金注资。欧盟还希望将双方的研究和创新活动联合起来,并通过物理和数字网络连接欧亚大陆,使贸易、投资和人文交流畅通无阻。通过与中国"一带一路"倡议的对接,欧洲可以实现从时间跨度获得突破,在投资规模上扩大几倍之多。中国与欧盟已达成原则上战略合作的共识,双方主要具体对接领域如下。

(一) 金融领域

"容克计划"的核心内容在金融基础方面,欧洲已经募集私人投资总额达3 150亿欧元,建立了欧洲战略投资基金(EFSI)。原来基金设定的终止时间为2018年,现在决定延长两年至2020年,规模扩大至至少5 000亿欧元。目前共同融资计划已动用210亿欧元,投入于基建、能源与科研等领域并吸引私人投资。中欧对接"一带一路"合作倡议和欧洲投资计划可有如下路径:

1. 相互注资。在欧洲复苏缓慢的背景下,基金的资金来源不足。中国可以通过注资欧洲战略投资基金的方式加入"容克计划",促进"容克计划"的成功。借此,将对吸引中国投资产生极大的放大效果,可以把"一带一路"与不同欧盟国家的产能合作项目纳入其中,提升中国企业规避经济、政治和法律风险的能力,消除

[①] 《中国与捷克、中东欧及欧盟的合作》,http://china-ceec.com/scdy/2016/0330/12659.html。

贸易和投资壁垒。中国对上述欧洲新的基础设施基金投资高达 100 亿欧元，同时已建立中欧共同投资基金。由于欧洲战略投资基金已为 22 个成员国总金额为 460 亿欧元的 40 项基础设施项目，以及 8 万个中小企业提供了信用担保，所以，我们有必要把参与的重点放到中小企业中。

2. 共同投资。中国可扩大购买欧洲投资银行债券，充分发挥泛欧投资合作平台、中东欧投融资框架等金融安排的功能，发挥境外人民币清算行作用，健全 RQFII 制度，让金融合作成为双方利益融合的牢固纽带。考虑到目前欧洲战略投资基金的规定，中国注资后中国企业对参与何种项目并没有决定权，中国也可以对欧洲战略投资基金董事会选择的投资项目进行注资，并通过注资平台的方式加以实现，这样中国就能选择可以进行投资的经济领域，譬如目前中方有兴趣的数字项目领域。

近年来，欧洲复兴开发银行非常支持大中亚地区的能源、交通和基础设施建设，并注重通过 PPP 模式来放大资本。但是欧洲复兴开发银行 300 亿欧元的资金使得其放贷能力极大受限（2013 年放贷仅为 85 亿欧元），远远不能满足大中亚地区投资需求。因此，亚投行和丝路基金可以通过银行间融资发挥一定的作用。欧洲复兴开发银行希望帮助中东欧国家向市场经济转轨，但其提供的贷款利率比世行硬通货的利率还要高，因此与亚投行有不少合作空间。

3. 选择投资领域。"欧洲战略投资基金"的资金主要投向能源、网络、交通运输、电信、创新研究等领域，中国可在与欧盟协调的基础上，在"欧洲战略投资基金"的框架下，以投资项目的方式参与合作。另外,亚投行与欧洲复兴开发银行在能源基础设施建设与交通基础设施建设方面将既有竞争,也有合作。欧洲复兴开发银行在欧洲的投资中享有优先与主导地位。但由于其资金不足,而亚投行中有14个欧盟及中东欧的国家成员,它们希望亚投行能够在广泛的基础设施建设中发挥更大的作用,包括通信领域、与水资源供应有关的基础设施以及公共基础设施。由于它们的敏感性相对较弱,竞争性也相对较小。[1]

欧洲迫切需要降低对俄罗斯的能源和油气管线的依赖,因此欧洲"容克计划"主要资助欧洲跨境基础设施等相关项目,规划了欧盟内部大规模的基础设施、能源、环保等数千个投资项目。欧洲发起的其他项目,还包括水资源、环境、教育、发展建设等项目,但由于欧债危机的影响,迄今仍未启动。中国可以适当参与"一带一路"沿线国家这类项目的建设,提供必要的公共产品。

(二) 中东欧地区

中东欧地区是中国与欧盟最有可能发生利益冲突的地区,也是对中国来说是机遇和挑战并存的投资地区。

1. 中国在中东欧的机遇

冷战结束后,高加索地区和中东欧国家高度依赖西欧和美国的投资和政治支持。2008年经济危机之后,西方经济陷入低迷,中东欧国家的贸易和投资急剧下滑。这一地区国家认识到高度依赖

---

[1] 盛思鑫、曹文炼:《亚洲基础设施投资银行的地缘政治经济分析》,《全球化》2015年第1期。

西方经济的脆弱性。此后,欧盟发达国家为了自保,实施了紧缩的财政政策,收紧了中东欧国家的基础设施建设资金和其他投资。能源价格下跌导致俄罗斯经济停滞,更导致中东欧国家在欧洲的边缘化。

欧洲的政治与经济形势为中国投资中东欧国家提供了前所未有的机遇。从当前形势来看,在选择投资对象国的时候,应当优先选择与中国有主要贸易往来的国家,作为跨国交通设施建设的重点,特别是那些地处要道、对华友好、政局稳定、政治清明的国家更符合发展双边合作关系的要求。

中东欧地区地理位置优越,地处东西方之间,是中国辐射欧盟的跳板,各国皆可以成为"一带一路"沿线重要国家。同时,中东欧国家位于"一带一路"倡议重点区域与欧洲投资计划的对接区,是亚欧交流与合作的纽带。这些国家市场潜力大,服务业发达;劳动力素质高、成本低,有较高的人力资本优势;法律制度大多与欧洲大陆一致,有较完善的投资保护司法框架。此外,根据透明国际的全球腐败指数,捷克等中欧国家的腐败指数较低。因此,"一带一路"倡议下的中欧合作完全可以把中东欧纳入多边合作框架下,加强中欧合作的合法性与全面性。欧盟和中国在中东欧国家的产能合作,不仅可以使得中东欧各国获得更多的资金支持,也可以增加欧盟在世界的影响力。

2. 中国在中东欧面临的主要挑战

随着中东欧成员国国内政治与欧盟政治的联系日益密切,其政府在其领土边界内不再是唯一的权力中心,还受到欧盟委员会、欧洲议会等欧盟机构的管治。许多社会和经济政策方面的主权和决策权已经转移到了欧盟的机构。同时,欧洲怀疑主义和欧洲一体化并存于整个欧洲,中东欧国家成为大国角力的舞台。中东欧国家的(欧洲标准的)右翼政党力量加强,甚至上台执政。这些执政党对内强化中央集权应对经济不景气,对外在欧盟内部持"疑欧"立场,开始强化与中国和俄罗斯的关系,寻求利益最大化。在匈牙利、罗马尼亚、捷克和斯洛伐克4国,已经出现了这种倾向。如果"新""老"欧洲之间的上述问题得不到解决,"新欧洲"的这种离心倾向还会蔓延,如同"老欧洲"的英国等国家的离心倾向一样。"老欧洲"国家对中国采取的与中东欧16国在这一地区的合作非常排斥,甚至作为中东欧国家最大的贸易伙伴国和投资国的德国也对此充满警惕。德国总理默克尔就曾表示,因为欧盟身处困境,所以"不得不"接受中国(16+1模式)的做法。[①] 欧洲内部分裂使得中国与中东欧国家的关系既有国家层面,又具有中国—欧盟关系的框架。

从这种双重的权力结构中,中国与中东欧的双边关系受制的因素就较多。在推动"16+1"与"丝绸之路经济带"的基础设施建设时,欧盟就会从法律、外交、经济上对各种项目进行监管,一旦它认为有损欧盟的利益,或使得中国的影响过大,它都会进行干预。

3. 投资策略

在中东欧市场上,中国投资还主要集中于基础设施建设和建

[①] 《拓展与中东欧国家关系:功课仍需做足》,《南方周末》2014年12月29日。

筑业领域,特别是在高速公路、铁路、电力系统、码头等基础设施领域。但是,有规模的中国企业并不多,主要原因在于投资环境不熟悉、语言交流有障碍、缺少双边投资保护协定等。今后中国企业要着重推动装备制造业产品出口,吸收当地企业合作,利用当地华侨资源,并建立风险评估指标体系。中国企业海外并购也将在这些国家成为新热点。同时,除加强与这些国家在中央层面的机制化合作外,也需要加强地方层面的合作机制,特别是中国省一级领导与中东欧地方领导之间的合作机制。

(三)国际交通基础设施建设

中国与欧洲具有较大合作前景的主要领域是国际交通基础设施建设,如跨境高铁。国际交通基础设施建设是一种多国合作机制,由于既涉及地缘政治博弈等因素,也与有高铁技术能力的国家的经济利益密切相关,所以相关大国对世界各地计划建设的高铁项目有很强的竞争意愿,其中东亚、中亚和环中亚交通走廊的基础设施建设一直是重点之一。鉴于这些跨国投资项目投资规模大,技术和管理水平要求高,中国和欧洲完全可以在这方面实现互补性合作。例如,欧盟发起的欧亚运输走廊包括中亚五国、保加利亚、罗马尼亚、土耳其、蒙古、亚美尼亚、格鲁吉亚、摩尔多瓦、乌克兰和欧盟,旨在通过开发新干线,使沿线国家摆脱对俄罗斯的依赖,取得政治和经济独立。但是,因为欧洲自有资金和融资能力的限制,这些计划几乎难以实施。

未来中国将贯彻3条国际高铁战略线路:一条是从新疆出发,

通过俄罗斯进入欧洲的欧亚高铁;一条是从乌鲁木齐出发,经过中亚最终到达德国的中亚高铁;一条是从昆明出发,连接东南亚国家,一直到新加坡的泛亚铁路。前两条都将到达欧洲,欧洲是否采取合作的态度对这些线路的贯通至关重要。中国应当首先在与中国有密切贸易往来的国家发展高铁项目,然后逐步扩大范围,实现高铁走出去的战略目标。一旦连接国与国之间的高铁建成,将带动沿线国家经济发展。等到这些国家经济发展到一定水平,政局相对稳定之后,再投资这些国家国内的高铁项目,这样在经济效应、政治安全等方面更有保障。选择投资建设的高铁线路非常关键,需要起终点为一个国家的主要商品集散地和港口,并且还可以连接另一个陆地国家或者跨海相邻国。

中东欧国家不失为一个中国高铁走出去的桥梁,但中东欧大部分国家国土面积狭小,国内建设高铁意义不大,因为从3个小时的路程压缩到1个小时时间效应不突出。但是要把整个欧亚大陆连接起来从十几个小时压缩到五六个小时,则须由跨境高铁建设来实现。此外,鉴于中东欧国家采用与中国一样的轨距,故希望中国能承接更多的铁路建设,以方便与欧盟国家顺利接轨。2014年6月中国南车获得马其顿高铁订单,为马其顿研制标准轨距的城际动车组整车,标志着中国高铁技术和产品得到欧洲市场的认可。此外,中国还投资匈牙利首都布达佩斯的环形铁路线;参与并资助从布达佩斯到贝尔格莱德的匈塞高速铁路建设,这一线路将最后延伸至希腊雅典,推动中国商品进入欧洲市场。中国投资的匈塞铁路项目是中国铁路进入欧盟市场的第一个项目,已成为中欧陆海快线的重要组成部分,位处欧亚大陆结合部,是"一带一路"的重要板块,对于中国铁路、中国技术走进欧洲,会起到很好的示范和推动作用。

三、扩大对接的战略共识

尽管欧委会主席容克表达了"容克计划"与"一带一路"协同对接的可能性,但布鲁塞尔仍然不太了解"一带一路"的详细内容。为此,中国政府需要制定对接战略,寻找恰当的"容克计划"与"一带一路"的合作机制。

(一)全面协调中美欧俄多边关系。目前,欧洲正面临巨大的地缘政治和地缘经济挑战,中国的"一带一路"倡议必须有助于解决这些问题才能得到欧盟的支持。鉴于俄罗斯、美国在中亚地区各自的利益主张,以及欧洲与俄罗斯在诸多问题上存在的分歧,中国如何协调欧洲与俄罗斯、美国之间的关系是个难以绕开的议题。欧盟非常不愿意看到中国与俄罗斯关系越走越近,尽管这有来自美国的地缘政治压力,但也与欧盟不认同俄罗斯的政治制度及冷战时期中东欧及苏联的痛苦关系记忆有关。中国应当让欧盟意识到,稳定积极的多边关系符合欧盟的长远利益,孤立俄罗斯将无助于欧盟,美国与俄罗斯的对立也不应当以牺牲欧盟安全和繁荣为代价,重申多极世界对欧洲的重要性。同时强调,TTIP不是恢复欧盟在国际经济领域领导地位的灵丹妙药,通过参与"一带一路",欧盟可以有更多替代方案来稳定与俄罗斯及其他欧亚国家的关系,获得更多重构国际贸易和投资规则的杠杆。

(二)吸收欧洲先进的管理经验。亚投行有许多欧洲国家参加,其中英国、法国、德国、意大利都是主要的出资国,也参与管理工作。我们需要充分调动这些欧洲成员国在亚投行项目融资、招标与管理方面的作用。中国也要吸收欧洲复兴开发银行和欧洲投资银行的先进管理经验,提高国际金融治理能力。

(三)与欧洲实现对外援助和投资原则契合。欧洲主要国家加入了亚投行,但并不意味着这些国家准备接受中国主张的无附加条件的援助和投资原则。例如,德国智库近期提出,欧洲和德国需要审视中国在中亚地区提出的区域合作模式,有选择地参与一些基础设施建设项目。[①] 中国担心欧洲国家附加各种政治条件的合作是有政治目的的,试图改变第三世界国家的政治态势和民主化进程,这会导致中国与欧盟在选择投资援助项目、国家及管理时产生各种分歧,影响项目合作中的信任关系。

欧盟也在通过海洋议题关注中国政策,怀疑亚投行和其他中国主导的新机制是否能尊重西方国家制定的国际规则。在欧盟看来,若中国要通过"一带一路"在欧洲地区有所建树,必须承担更多责任,必须接受或者部分接受欧盟的规则和原则。作为一个自认为"遵守规范"的"模范行为体"与文明"实践共同体",欧盟期望中

[①] Sebastian Heilmann, "Lob der Nischenpolitic," *Internationale Politik*, No. 6, November/Dezember 2014, pp. 41–42.

国能够学习、接受、遵守欧盟的一套制度,与欧盟一起在经贸制度管理、全球治理、促进可持续发展等全球领域发挥引领作用,以提升21世纪国际发展与地区一体化的规范和准则。

由于双方的文明价值观、政治制度、法律惯例、营商风格与优势的不同,双方在实施经济发展战略对接时,需要磨合并探索一些合作的模式。WTO规制是双方最佳的合作路径,双方可在此基础上扩大构建新的、共赢的约束性规制。

(四)共同寻找共同利益关切点。中国在选择投资项目时,除需保持价格竞争力外,也要确保融资便利、技术转让、本地化生产制造、就业、欧盟的战略利益及各种管制措施、民间团体的关注等多方面因素得到充分考虑,找到投资所在国和利益相关方的关切点。例如,欧盟方面认为,"容克计划"有可能深化而不是降低欧盟内部的现有分歧。[①] 在匈塞铁路项目中,欧盟的主要关切是防止中国参与中东欧建设造成欧盟的分歧深化。他们认为中国与欧洲次区域之间合作的加强,尤其是合作走向机制化,不仅影响其在中欧关系中的话语权,还削弱其对成员国的影响。

中东欧国家的主要关切是投资项目是否有利于当地经济发展和就业,但即便如此,铁路项目具体实施时,有关各方政治和经济利益上仍然存在冲突。中方往往以无须当地政府和欧盟出资或承担主要资金的方式来赢得项目建设权,期待通过后期的沿线开发来回收资金。但这个模式得以成立的先决条件是所在国同意给予

---

① Martin Myant,"Juncker's Investment Plan: What Results Can We Expect?" http://www.sieps.se/sites/default/files/2015_10epa%20eng%20A4%20korr6.pdf.

中国建设方沿线开发权。基础设施进口一方对外界附加的商业条件仍然是敏感的，在一些政治环境中会产生政治上的连锁反应。对此，中国在进行战略性布局时需要进行风险评估，不能简单地把中国国内行之有效的模式推而广之，不同国家有不同国情。作为一项商业项目的铁路建设，其成功与否首先应当是给当地居民带来的便利和对当地经济作出的贡献。但对于企业来说，考虑成本收益是理所当然的。因此，有必要在国际通行的商业贷款、政府担保、合作开发、BOT等模式中探寻一个平衡的路径。避免因为垄断铁路周边的开发权而引起当地民众、社会团体的反感是至关重要的。

（五）要对项目作好经济效益评估。商业的不确定性对许多私有部门的投资是一大挑战，因为很难精确评估经济回报，也不能马上给投资方带来财政上的回收。中国投资前需要对较大的开发项目进行评估，要确保投资是当地确实需要的项目。欧洲持续的难民危机表明，欧盟近邻和"邻居的邻居"的不稳定正在威胁欧盟自身安全和凝聚力。[①] 鉴于欧盟在欧亚安全和繁荣的轴心作用，中国应当重新评估投资欧洲的收益和风险，形成稳定适当的合作机制，使得"一带一路"成为服务中国政治利益和经济利益的机会，实现中国对世界发展的承诺。中国企业可以向欧洲伙伴学习如何合作应对海外商业的安全风险。

（六）提升中欧双方在战略性规划中的利益认同和政治互

---

① Lukas Kaelin, "Europe's Broken Borders: How to Manage the Refugee Crisis," https://www.foreignaffairs.com/node/1115359.

信。中国应不遗余力地加强与欧盟的政治外交关系,提升中国自身在欧洲和全球的影响力,以中欧"全面战略伙伴关系"为基础,建立有利于北京和布鲁塞尔双方利益的多极世界。中国应当注意到,欧盟及其成员国对中国和"一带一路"的态度并不是铁板一块。例如,希腊非常欢迎中国投资,但是在希腊债务危机时期,中国努力加强与雅典的经济政治关系引起了某些欧洲领导人的不满和疑虑。布鲁塞尔一直担心中国会采取"分而治之"的方式对待欧盟及其成员国。[1] 对此,中方在与欧盟战略对话中要争取对"一带一路"实施进行充分磋商,强调中国不是去挖其墙脚,分化其团结,而是去寻找合作共赢的方式。通过听取对方的批评与建议,努力提高欧盟对我们倡议内涵的积极意义的认识。因为欧亚地区和大中东地区的稳定合作关系和长期繁荣符合欧盟的利益。"一带一路"有利于优化欧盟与中国之间的贸易路线,保护海上运输通道,助融欧盟基础设施建设,开辟被长久忽视的沿线市场。

(七)中欧在"一带一路"中的合作需要拓宽领域。"一带一路"不仅仅就是基础设施建设项目,它完全可以延伸至非传统安全领域。如中国海军可以为欧盟在亚丁湾水域 5 500 艘商业船舶提供护航。[2] 中国和欧盟也可以在"一带一路"沿线相互协作,就各种安全问题进行信息互换,保护双方的经济利益和公民人身安全。

---

[1] 鞠维伟:《运用丝绸之路经济带发展中国与中东欧国家关系的意义、措施和条件》,《当代世界》2014 年第 4 期。
[2] Zhao Minghao,"China's New Silk Road Initiative," http://www.iai.it/sites/default/files/iaiwp1537.pdf.

双方还可以在出现人道主义危机时,相互利用各自在当地的资源,协助撤侨,提供人身与财产的安全保护,遏制恐怖分子、暴力分子的攻击等。

(撰稿人:孙霞、刘鸣　上海社会科学院
国际问题研究所副研究员、研究员)

第五章 "丝绸之路经济带"与北非国家发展对接合作

一、"地中海联盟"计划主要内容

(一)"地中海联盟"计划背景

"地中海联盟"构想源于1995年11月27日巴塞罗那会议所确立的"巴塞罗那进程",即欧盟和地中海沿岸国家——阿尔及利亚、摩洛哥、突尼斯、塞浦路斯、埃及、以色列、约旦、黎巴嫩、马耳他、叙利亚、土耳其这11个北非和中东国家,以及巴勒斯坦民族权力机构,建立在经济、能源、移民、民主制等方面的合作关系,以2010年前建立欧盟与地中海国家的自由贸易区为远期目标。法国前总统萨科齐2007年竞选总统期间把此构想转化为其外交构想,但将范围缩小到地中海西部的北非国家。目的是通过设立一个涵盖地中海地理范围内的共同利益组织,解决该区域内相关的政治、经济和社会问题,发挥该区域联结欧洲、非洲和亚洲的区位优势,实现利益互补、共同发展。

法国的"地中海联盟"计划虽然获得有关沿岸国家的大力支持,却遇到了欧盟内部成员国、部分北非国家和土耳其的激烈反对。因为在"巴塞罗那进程"下,法国、意大利和西班牙这三个欧洲南部大国是该机制的主要推动国,而在"地中海联盟"下,则为法国主导。在欧盟内部,一些成员国(德国、英国与一些非地中海沿岸成员国)对"地中海联盟"构想表示反对,认为这会给欧盟带来额外的财政负担,以及造成欧盟机构重叠臃肿。

在法德协商后,德国成为该构想的动议国,以法德两国的共同名义向欧盟峰会提交了"地中海联盟"计划。计划中的"地中海联盟"实行"双头制"——由欧盟国家和非欧盟的地中海国家各出一名主席,并设一个只有20人的微型秘书处负责处理日常事务。

2008年7月13日,地中海首脑会议在巴黎举行,欧盟27个成员国和16个地中海沿岸非欧盟成员国的领导人参加,联盟正式成立。法国建立这个联盟的目的是,通过地中海联盟各成员国的合作,制止北非极端分子的潜入和行动;解决非洲大量移民进入法国所造成的众多的社会经济问题,通过南欧与地中海南岸国家展开合作,实现南岸国家的安定和繁荣,从源头上解决移民问题;地中海南岸国家具有很大的产品、投资的市场潜力,北非国家拥有丰富的石油和天然气资源，对欧盟当然具有强大吸引力。法国希望开拓阿拉伯国家的核工业市场，参与苏丹和几内亚湾地区的石油天然气等能源产地的投资，努力使地中海地区建成一个地域广泛的自由贸易区，确保和开拓新的能源和原料供应来源。

（二）基本内容

具体实施的"地中海联盟"计划确定了6个重点合作项目，即"6项地区性具体计划"：1.减少地中海污染，欧盟委员会曾提出具体计划，力求从现在起至2020年减少地中海80%的污染源，其预定至少耗资20亿欧元；2.建立包括公路、港口、海运、服务等在内的"海上高速路"，促进跨地中海运输的可持续发展，改善地中海两岸的贸易流通；3.加强民事保护，应对地中海盆地与气候变暖有关的自然灾害；4.制订一项地中海太阳能计划，计划在地中海周边国家提高太阳能发电的能力，通过私人投资和向欧盟国家出口太阳能电力以确保太阳能项目的盈利，促进能源生产的本地化和推动节能措施；5.推动2008年6月在斯洛文尼亚波尔托罗日开办的欧洲地中海大学的发展；6.帮助中小企业发展。

（三）重启的可能

"地中海联盟"虽然正式成立，但是联盟内成员国对于联盟未来的发展方向并没有形成统一的意见，阿拉伯国家和以色列错综复杂的历史、宗教矛盾难以调和,摩洛哥与阿尔及利亚因西撒哈拉问题相互对立。在欧盟内部,沿岸国家与非沿岸国家、大国与小国、老成员国与新成员国之间的矛盾没有完全化解。由于2008年年底以色列对加沙发动大规模军事打击,不断在约旦河西岸扩建犹太居民点,以致以色列与巴勒斯坦的关系跌至新冰点,阿拉伯国家纷纷拒绝与以色列共同出席地中海联盟会议,该联盟停止了半年活动,到2009年7月才重新启动。

2010年11月计划在西班牙举行的地中海联盟峰会因中东局势推迟,法国2011年3月提出有必要重建一个组织基础——地中海联盟。而后由于2012年5月萨科齐的下台,"地中海联盟"名存实亡。鉴于近年来欧盟受到叙利亚移民的严重冲击,巴黎等地接二连三遭到来自西亚和北非的恐怖分子的袭击,再加上英国的脱欧,危机深重;北非国家仍然在消化"阿拉伯之春"的果实;美国反对法国倡导的地中海联盟计划……这些都使得今后这个联盟再重启的可能性极小。

二、欧盟与北非经济合作及北非经济一体化前景

虽然"地中海联盟"实施的可能性不大,但欧盟加强与地中海国家的合作前景仍然存在,同时北非国家之间加强一体化也将有助于欧盟与其逐步实现经济一体化。

(一) 欧盟与地中海国家的合作基础存在

目前,欧盟在地中海国家的投资仅占其对外投资总额的2%,而美国和日本则分别达到20%和25%。[①] 从这个意义上讲,欧盟对与地中海沿岸的经济一体化的动力仍然是存在的,但前提是中东北非国家恢复政治稳定与欧盟能够克服当前难民危机。2010年地中海自由贸易区的初步设想就是欧盟和个别中东和北非国家之间率先缔结一个自由贸易协定,然后中东和北非国家自身再创建一个大型的地中海自由贸易区。

2012年突尼斯与欧洲投资银行签署了一项《地中海—欧洲物流平台合作协议》,计划在突尼斯市以北靠近地中海的杰贝尔地区建设一个占地168公顷物流平台,包括相应的技术、环保、经济、金融、市场、研究与规划等配套设施与机构。欧洲投资银行将提供部分资金与技术援助,以便让该物流平台尽快建成。该物流平台未来将与公路、铁路、海运和空运运输相衔接。一旦该平台建成,将加速繁荣北非国家与欧洲国家间的贸易交往,同时创造新的就业机会。

(二) 北非国家一体化的背景

早在1964年,阿尔及利亚、摩洛哥、突尼斯、利比亚4国就共建了"马格里布常设协商委员会",协调4国的发展计划。此后,还

[①] 《萨科齐版"地中海联盟"重启前途未卜》,http://www.chinanews.com/hb/news/2009/07-06/1762309.shtml。

成立了贸易、工业、交通、财政 4 个专门委员会。经过 20 年的实践，由于按部门进行的"贸易自由化"未能实现预先的目标，4 国领导人重新审视形势，联合毛里塔尼亚，组成区域联盟。1988 年 6 月 10 日，阿尔及利亚、摩洛哥、突尼斯、利比亚、毛里塔尼亚 5 国元首在阿尔及利亚泽拉尔达举行会议，决定成立一个联合委员会，负责组建五国联盟。1989 年 2 月 17 日，联合委员会发表了《马拉喀什宣言》，正式宣布成立五国联盟，定名为"阿拉伯马格里布联盟"（UMA，下称"马盟"）。共同签署了《马拉喀什条约》。此条约规定了实施一体化进程的具体步骤，制定了分 4 个阶段实现经济一体化的目标。在这基础上加上埃及，推进北非国家一体化。

（三）北非国家一体化的机遇和挑战

从整个非洲的经济一体化的发展看，进展最大的是东南非共同市场、南部非洲发展共同体和东非共同体组成的三方自贸区，其 26 个成员国的对外贸易在 2008—2013 年仅从 531 亿美元增加到 545 亿美元，而同期的相互间贸易则从 620 亿美元增加到 980 亿美元，增幅超过 58%。非洲三方自贸区已覆盖 6.25 亿人口，相关国家国内生产总值总额达到 1.2 万亿美元，占整个非洲生产总值的 58%。

相比较而言，马盟经济合作的步伐较慢，北非动乱使埃及、突尼斯、利比亚 3 国经济遭受重创，政府财政入不敷出，投资者信心严重受损，加之 3 国过渡政权执政能力不足。所以，短期内实现经济一体化的前景比较暗淡。除自然资源这个经济潜力外，其他合作只能逐步推进。但从长期经济发展前景看,地中海周围国家的经济合作是大势所趋,因为无论是丰富的自然资源,海上黄金通道优势,还是庞大的消费市场,发达国家与发展中国家的互补经济,都是扩大合作的巨大推动因素。

即使从北非国家内部来看,该地区各国的经济也具有较大的互补性。阿尔及利亚、利比亚拥有丰富的石油和天然气资源,但两国农业比较落后;摩洛哥农业较发达,拥有丰富的磷酸盐矿,但缺乏能源资源;突尼斯有磷酸盐矿和石油;毛里塔尼亚藏有大量铁矿资源。

事实上,在"阿拉伯之春"之后,即便在叙利亚内战与IS仍然肆虐的背景下,相关国家的经济合作与协商一直在继续。摩洛哥、阿尔及利亚、埃及、利比亚、毛里塔尼亚、苏丹和突尼斯7国2014年召开了第29届北非国家政府专家委员会(CIE)会议。会议讨论北非地区各国如何通过工业化来调整经济基础结构,以便制定和发展深化区域经济一体化的战略举措。

其中,数个国家已经在自身的经济基础设施方面先迈出了重要的一步。首先是埃及,2015年8月,埃及新苏伊士运河正式开通,运河沿线地区计划建设成一个工业、商业和后勤中心。同时已经规划好了新首都项目(开罗和红海之间),预计将建设大量的交通基础设施,包括建设连接十月六日城和首都开罗的铁路,预计投资1.27亿美元用于区域开发。其次,摩洛哥也下了大手笔:2016年投资77亿迪拉姆建设铁路,其中接近一半用于高铁项目。其交通部门还推出了第一批PPP项目,涉及公路、铁路和港口,其中包括一个33亿美元的海港项目。在高铁建设方面,主要与法国铁路公司合作,作为启动的第一步,共同开办高铁技术学院,为摩洛哥培训专业人员。摩洛哥还计划建设一个400 MW太阳能项目(包括一个或多个混合动力光伏电站)。再次,阿尔及利亚计划2015—2019年投入巨资用于1 600千米高速公路、23座水坝、医院的建设和改造,启动投资额为18.9亿美元的转运港项目。阿尔及利亚还计划到2030年再建60座包含燃气、光伏、风力等不同能源属性的电站,太阳能发电量达到总发电量的3%。[①]

虽然以上基础设施项目没有形成跨国界的地区合作形式,但它为今后政治条件与环境成熟时的区域一体化建设打下了良好的基础。

三、"一带一路"与北非国家对接合作

(一) 北非国家对"一带一路"持积极态度

北非国家对中国的"一带一路"倡议都表示欢迎。目前,在北非国家,经济发展是头等大事,年轻人多,就业是关键。为此,各个国家制定了各自发展的远景和规划。

突尼斯各方均表示,非常希望能够为"一带一路"倡议贡献自己的力量,为区域的稳定、和平作出自己的努力,成为中国"一带一路"

[①] 刘青海:《非洲基础设施建设政策的新动态、趋势及中国应对》,《东方早报》2016年9月27日。

复兴计划中的一员。阿尔及利亚欢迎中国企业参与其基础设施等领域的建设,希望两国在工业、基础设施、农业、贸易、旅游等领域扩大合作。埃及愿将自身发展规划同"一带一路"建设对接,在亚洲基础设施投资银行框架内推进基础设施等合作。摩洛哥认为,其位于中东十字路口,在"一带一路"建设中具有不可缺少的作用。

(二)中国与北非国家的经贸基础良好

中国与北非国家的贸易互补性较强,中国的轻纺织品等日用消费品、机电产品、农机具、化工产品等适合当地市场;当地出产原油、化肥、矿产品等其他资源性产品则销往中国。由于"21世纪海上丝绸之路"将延伸到红海、苏伊士运河,通过"五通"与"亚投行"的资本平台必将促进中国与北非国家的商品、资本、技术、服务、交通、科技、农业、通信的合作。

表1 2015年中国与北非国家的贸易情况

	贸易总额（亿美元）	出口（亿美元）	增长比例（%）	进口（亿美元）	增长比例（%）
埃及	120	110	17.3	10	−21.4
摩洛哥	34.3	29	−2.2	5.3	−1.3
阿尔及利亚	90	75	23	15	−39
利比亚	28.5	19	−12.1	9.5	28.1
突尼斯	15	13	−2.1	2	20
毛里塔尼亚	14	7	−3.3	7	−38.5

数据来源:国家统计局。

四、"一带一路"与北非国家对接主要切入点

(一)与北非国家的发展规划对接

"21世纪海上丝绸之路"与北非国家的对接的重点之一是在地中海、红海周边的港口布局及其设施建设,因为它涉及在埃及、法国、西班牙、以色列、希腊、意大利、突尼斯、阿尔及利亚、土耳其等国在地中海的港口。中国现在拥有以色列海法新港自2021年起25年的特许经营权,建成后将具备接卸世界最大集装箱船(19 000 TEU,9万吨)的能力。未来这一港口将与一条跨越地中海和红海的高铁对接,从而绕过繁忙的苏伊士运河,成为中国至欧洲的重要贸易通道。同时,"中国港湾"将投资埃及埃因苏赫纳(Ain Sokhna)港和达米埃塔(Damietta)港的开发,在埃及塞德港的参股比例达到20%。中国已成为希腊比雷埃夫斯港口的控股国。特别是我们收购了航运巨头法国达飞海运(Terminal Link)的49%股权,该公司目前在全球有15个集装箱码头港口网络,包括法国、比利时、摩洛哥、马耳他等国港口。所以,东地中海重要的港口枢纽目前已经掌握在我国手里,这将极大地有利于我国对地中海周边国家的经济一体化的合作,并形成我们市场与物流枢纽中心的立足点。

"一带一路"另一个对接重点是与这些国家的经济发展规划、

项目与基础设施建设项目,争取承接、投资相关项目,向这些项目输出我们的设计、技术、产品、服务等,确立设施建成后我们后续参与经济产能合作与提供长期管理与服务的机制。

例如,阿尔及利亚2015—2019年五年计划,预计对公路等工程和大型基础设施投入530亿美元进行建设。其中有1 000千米高速公路,700千米快速干道,超过7 000千米的国道和市道。另外,其他还有1 500项工程项目。阿尔及利亚是仅次于南非的非洲第二大公共工程设备进口国。

北非的摩洛哥虽然不在海上丝绸之路的节点上,但它处于地中海西出海口的直布罗陀海峡,是地中海与大西洋的连接点,应该成为我们的贸易通道的延伸点。特别是10多年来,摩洛哥迎来了一批国际标准的建设项目的热潮。其中跃进计划(Emergence Plan)应该可以与我国"一带一路"倡议相对接。按照这个计划,航空航天、汽车、电子、纺织、皮革、离岸外包和农商6个领域将作为经济发展的主要驱动力。这包括绿色摩洛哥计划、太阳能计划、旅游业展望2020、物流业规划、Rawaj2020展望规划(旨在促进国内分配和内部商业的发展)、Halieutis规划(旨在开发和保护渔业资源)、Marco Numeric 2013规划(将摩洛哥定位于地区技术中心)。

在基础设施方面,摩洛哥优先发展卡萨布兰卡港区及其老城区与新城区,以使其成为21世纪的大都市与经济首都。卡萨布兰卡的基础设施项目有:自来水和电力的扩容、卫生系统和服务的改善、公共照明的改善。与此相关的是建设丹吉尔至卡萨布兰卡高铁线,目前已经完成57%。除此之外,摩洛哥将对6万千米长的公路网进行改造,把高速公路从1 500千米增加到1 800千米。扩建丹吉尔地中海港,在2016年扩容至800万集装箱吞吐量。

在埃及,有《埃及2022远景发展规划》。根据该规划,埃及政府制定了中期目标,即在2014年7月至2017年6月,将经济增长率提高至5%—7%,恢复到埃及政治动荡之前的水平。在此期间,政府还将进一步吸引外部投资,大力发展以信息和通信产业为主的基础设施建设,不断提高劳动力素质,发展埃及国内贸易,控制物价上涨。

(二) 促进北非国家贸易一体化

除参加北非国家的一系列规划项目外,要推进"一带一路",还要争取促成北非国家经济贸易一体化。实现"一带一路"与北非国家一体化的互动,利用"一带一路"的契机,积极推进北非国家的贸易一体化,在双边经贸合作的基础上,通过"一带一路"的项目与各国的规划对接,逐渐推动《马拉喀什条约》的进程,扩大一体化范围。

在职业培训的基础上,可以在当地设立经济开发区,利用当地的劳动力与各种资源,把有中国特色,也是当地需要的产业转移过去,逐步形成一个北非的多层次的产业链,提升它们工业加工能力,帮助它们把产品销售到欧盟地区。

在巩固传统合作项目和合作机制的同时,可开发新的合作领域和机制,如人力资源培训、农业、沙漠治理、海洋生物、食品、旅游、高速铁路、海运、民航等领域的合作。

（三）扩大人文与技术交流

1. 发展旅游。北非国家坐落于地中海周围，旅游资源丰富。作为前法国、英国、意大利的殖民地，这些欧洲国家民众经常会去北非度假。因此，我们在开发这些国家商港的同时，应该在港口周围协助当地政府同步建设综合旅游设施，吸引这些欧洲国家过来旅游与度假。当然，对于北非其他的旅游区，我们也可以为国人开设不同文化特色的经典线路，让中国人沿着"丝绸之路经济带"来到这块神秘的地区，促进中国与北非人民的人文交流。

2. 技术合作。随着叙利亚危机逐步落幕与IS寿终正寝，欧盟对振兴地中海沿岸非欧盟成员国的经济发展显示出更多的兴趣，目的是防止今后类似的难民危机再爆发。因此，欧盟不排除会重新启动"地中海联盟"的进程。我们应该利用这个机会，与欧盟共同构建技术教育合作平台，为北非国家培训技术人才，为北非青年提供职业教育，帮助北非国家缓解就业问题。在这种合作的过程中，可以逐步输出我们的技术与产品，建立中非欧合作的产学研基地。

3. 在推进中国与北非的人文交流、经济合作的过程中，需要改变传统的"大而全"的政府全包的模式，更多引导有资质的民企与当地的企业、民间团体、政府部门进行多形式的合作。中非合作基金与中国—中东欧合作基金的经费可以对初期投资的中企进行资助。

（撰稿人：虞卫东、刘鸣　上海社会科学院
国际问题研究所副研究员、研究员）

第六章 "一带一路"与澳大利亚 "北部大开发"计划 对接合作

一、"北部大开发"计划主要内容

(一) "北部大开发"计划背景

2015年6月18日,澳大利亚政府正式公布了"北部大开发"计划。这份名为《我们的北部　我们的未来——发展澳大利亚北部构想》的白皮书,提出2015—2035年北部大开发未来20年的发展规划,并成立了由产业、创新和科技部部长担任负责人的北部大开发办公室。澳大利亚北部地区包括北领地区全境和昆士兰州、西澳大利亚州北部地区。习近平主席在2014年11月对澳大利亚进行国事访问期间提出,中方愿意应澳方邀请积极参与澳大利亚"北部大开发"计划。

这是一个通过建立亚洲的食品出口基地和新能源出口基地，借搭乘中、印及东南亚国家的经济发展快车，推动包括整个北领地、昆士兰州和西澳洲部分地区的经济和社会发展，促进澳国内北部经济发展及升级换代的发展计划。①

（二）基本内容

"北部大开发"计划的内容包括：充分利用澳大利亚北部地区广袤的土地资源，建立新的粮食出口基地，发展现代农业和园艺业；能源开发特别是清洁能源开发，并大幅增加对亚洲国家的出口；打通影响发展的六大瓶颈：改善繁杂的用地法规制度；加大水资源开发利用；扩大商业、贸易和投资；增加基础设施、降低经营和生活成本；取消用人障碍；提高执政水平。此外，为增加人力资源储备，联邦政府计划对北部地区现行高等教育、技能培训体系进行必要的改革，并出资帮助小企业增加就业机会和改善工作环境，鼓励其他地区的劳动力来北部地区工作。

（三）实施方式

"北部大开发"白皮书显示，政府不再希望扮演投资者的角色，而是希望通过营造良好的投资环境"筑巢引凤"，吸引更多外来投

---

① "Our North, Our Future: White Paper on Developing Northern Australia Overview," http://www.industry.gov.au/data-and-publications/our-north-our-future-white-paper-on-developing-northern-australia.

资,借外力发展北部。但鉴于澳大利亚北部地区人口分布分散,基础设施发展相对薄弱的状况,在前期环境构建与基础设施建设过程中,政府仍然会发挥较大的主导作用。

2014年,澳大利亚政府专门设立了总额50亿澳元的北部地区基础设施专项贷款,以优惠利率贷款吸引全球投资者加入该区域的港口、公路、管线、电力、水利等基础设施建设,并计划直接投资约10亿澳元先期进行重点基础设施改造,其中包括2亿澳元的水资源开发工程、1亿澳元的活牛运送通道建设以及6亿澳元的包括大北高速在内的公路改造项目。

2015年,澳政府又提出了金额达12亿澳元的投资计划,作为对之前50亿澳元基础设施投资的补充。其中,最大项目是30亿澳元的布鲁斯高速公路,其他项目包括西北部沿海公路(1.72亿澳元)和北领地区公路建设(900万澳元)。

政府在公路、铁路、港口、机场、管线等基础设施领域将发挥制定规划、落实政策、推介投资等宏观管理职能,同时引导企业参与基础设施项目的投资和建设。对于重大项目尤其基础设施建设项目,联邦政府将进行贷款担保,其中每个项目最多可获得占总投资50%的联邦政府贷款担保。

另外,澳大利亚政府将投入2040万澳元支持当地土地所有者在进行土地商业谈判中获得更多利益;1700万澳元用于土地测绘等;1060万澳元用于土地制度改革,特别是农田租赁试点。安排2亿澳元用于水资源开发,其中500万澳元用于建造水库大坝的可行性研究,另外500万澳元用于奥德河三期详细规划,1500万澳元对昆士兰州米希尔河、西澳的金泊莱和北领地的达尔文地区进行水资源评估。

在后期的项目落实方面,主要由当地农场主与企业经营者承担。同时政府也会负责招商引资,建立一个良好的投资环境。在向海外推介方面,东南亚、中国均是重点。

二、"北部大开发"计划与"一带一路"倡议之间的合作

(一) 合作的基础与优势

2015年8月,中澳第二轮战略经济对话在堪培拉举行。中澳双方认识到,中国的"一带一路"倡议和国际产能合作与澳大利亚的"北部大开发"倡议和国家基础设施发展计划有许多共同点,要通过两国发展战略的对接进一步提升合作的领域和层次。

1."海上丝绸之路"有两条线路:一条是途经东南亚(南海)—南亚(印度洋)直至西亚北非(西印度洋)和欧洲;另一条是途经东南亚(南海)南下进入南太平洋(澳大利亚、新西兰等)。我国的"海上丝绸之路"倡议需要确保中国的经济建设的持续性,确保与不同国家的贸易互补性的发展,确保贸易商品价格的稳定与贸易通道的通畅。澳大利亚是中国最大铁矿石进口来源国,这种能源资源生产地与需求地之间的合作与"五通"均有着密切的关系,能源资源生产地的基础设施发展,资源需求地对生产地的投资与参股合

作,金融、关税、商检机制便利化的发展,海上互联、互通的共建将是双方最大的利益公约数。

2. 澳大利亚是一个发达国家,政治稳定,市场完善,法律齐全,投资环境良好。与美国相比,对华投资的政治与安全障碍相对较少。这种制度性的优势与特点将为中澳开展发展计划对接奠定良好基础。

3. 中国在基础设施建设方面有一大批资质与信誉良好、经验丰富的从事道路、港湾、铁路、桥梁、电力、油气管道建设的大国企,它们可以按照澳大利亚方面的要求与规定参与基础设施的建设。澳大利亚是"亚投行"的成员,所以,其需求的资金也可以通过这个机制来筹集。

4. 中国早已超过美国,成为澳大利亚最大的外资来源国。房地产业、制造业及其他行业项目合同投资金额达到了 270 亿澳元。已有一些中国企业在北部地区租赁或收购大片农田、牧场,用以种植甘蔗和养牛,产品销往中国,以满足中国国内不断增长的对高品质农牧产品的需求。澳大利亚罗伊国际政策研究所的研究员认为,目前亚洲,特别是中国对澳大利亚农产品的需求旺盛,农业在近年来一直是澳大利亚吸引外资的热门领域。

习近平主席提出以亚洲国家为重点方向、以经济走廊为依托、以交通基础设施为突破、以建设融资平台为抓手、以人文交流为纽带的"一带一路"倡议的指导思想。[①] 但对于具体国家而言,我们还

[①] 习近平:《联通引领发展伙伴聚焦合作——在"加强互联互通伙伴关系"东道主伙伴对话会上的讲话》,《人民日报》2014 年 11 月 9 日。

是需要根据对方的特点开展对接。同澳大利亚的合作与对接主要还是集中在基础设施、旅游业、农业与矿产业。

(二) 对接中存在的不利因素

1. 澳大利亚在战略、价值观、国际秩序定位上与中国有较大的差异与分歧，特别是随着中国的崛起、域外国家插手南海海洋权益的争议与美国的"亚太再平衡"战略、"印太战略"实施，澳大利亚紧随美国起舞，积极配合美国加大对中国的制衡力度，同意美国扩建在澳大利亚的军事卫星控制设施，在达尔文部署2500名海军陆战队兵力，批准美B-52战略轰炸机常态性进入澳大利亚，鼓励美国进行"自由航行"挑战中国行驶主权的行动。与此同时，澳大利亚还扩大与日本、印度的军事关系，特别是在南海的军事演习，澳大利亚事实上已经与日本共同成为美国亚太战略的南北锚。[①]

2. 鉴于这种战略上的原因、保守的舆论与美国的压力，中方在投资前，需要进行反向性的评估与实地调查，对投资实体与我官方的关系、国内外投资的记录、对澳方投资与合作的最终目的、投资可能对澳方安全上的潜在风险、对澳方市场非垄断性的影响都要做严格的评估，以避免在不明情况下就投入前期资金，匆忙提出收购或应标计划。2016年两起收购失败案例值得我们思考：中国企业计划收购大型养牛场基德曼公司，因为该养殖企业一处牧场有一半土地位于武器试验场范围之内，而最终让澳大利亚政府以"违

---

① 边驿卒：《起哄的澳大利亚，总有一种"面对北方的焦虑"》，凤凰资讯，2016年7月23日。

背国家安全利益"为由否决收购。2016年8月澳大利亚出于国家安全考虑,决定拒绝中国国家电网公司与香港李嘉诚控制的"长江基建"提交的收购新南威尔士州电力集团Ausgrid 50.4%控股权(100亿澳元)的股权报价。虽然这个控股权是以州政府租让99年的形式出售的,但澳大利亚政府仍然担心这家电力公司是向企业和政府提供关键电力与通信服务的,存在国家安全问题。这两个遭到否决的收购都是由澳大利亚时任财长斯科特·莫里森作出的,但它反映了澳大利亚政界对中国大规模的投资与并购计划呈现的意识形态化的安全焦虑。

当然,2015年也有险胜的大项目案例:中国岚桥集团获得了澳大利亚北部港口达尔文99年的租赁权(约5.06亿澳元、3.68亿美元),其构想是25年内投资2亿多澳元,约1.45亿美元发展港口基础设施,建设酒店和改造游船码头。从经济效益上看,这个港口有一半的货物运往中国,达尔文计划也能吸引更多游客。但是,这个项目也遭到了各方面的反对,其中包括美国前总统奥巴马,理由是"中国租用港口要监听美军基地"(附近有一支美国海军陆战队)。由于现任总理经济发展意识较强,最终顶住了美国的压力。

另外,在不属于北部开发计划内的海岛开发,我们也有成功案例:2016年中金投资集团成功买下了昆士兰州大堡礁附近南莫尔岛,交易额高达2 500万澳元(1 900万美元)。同时,2015年,中金投资集团斥资3 000万澳元(2 300万美元),买下了白日梦岛,在岛上兴建了拥有296套客房的四星半度假酒店,目前白日梦岛已基本开发完毕。

3. 澳大利亚北部市场规模有限,地广人稀,土地面积为全国总面积的 40%,人口却仅为全国总人口的 5%;人民消费与生活质量标准较高;对外来投资项目的法规与环保要求较严。这些对于我们对接都是不利的因素,我们无法照搬在中西亚与东南亚的经验与模式,需要因地制宜,精选项目,并尽可能按照对方的要求与标准行事。

4. 截至 2015 年 9 月底的一年中,澳大利亚的国内生产总值增长了 2.5%,远低于该国 3%—3.5% 的趋势增长率。澳大利亚 2015—2016 财年的预算赤字预计为 374 亿澳元,远高于该国财政部 2015 年 4 月预测的 23 亿澳元。这种经济上的压力使得国家进行基础设施投资的意愿受到极大影响。

(三) 对接合作主要重点

2014 年 11 月,中澳双方达成共识,中国的"一带一路"倡议和国际产能合作与澳大利亚的"北部大开发"倡议和全国基础设施发展计划有许多共同点,要通过两国发展战略的对接进一步提升合作的领域和层次。

从全球大宗商品的价格走势看,其行情有可能长期处于低迷状态,支撑澳大利亚经济发展的资源出口型发展模式已经难以为继,加上国内经济发展长期存在的地区不平衡问题,因此,澳大利亚需要依托北部地区丰富的土地、自然矿产等资源来寻求解决经济发展过程中的模式转换、地区失衡等问题。其主要内容包括基础设施建设、引进外资、清洁能源开发、水资源开发等问题。这与我国通过"一带一路"倡议推进周边国家和地区的基础设施建设、强化国际产能合作、实现中资走出去的意图是相呼应的。因此，两者之间存在着强烈的互补性。

对于对接，考虑到澳大利亚的国情与上述国内舆论及战略的分歧，我们需要依据澳方的实际需要与政策上的允许范围找到对接口。

1. 需要根据《北部大开发白皮书》政策指南中政府重点扶植的领域、项目、区域、产业进行比较分析，从中发现我们具有技术优势与国家重点发展的产业与技术项目，并在与澳方磋商的基础上，确认对接项目与合作的阶段路线图。

2. 基础设施建设是我们最有能力的领域，也是澳大利亚最需要中国的领域，目前已经在这方面有了良好的开端，应该把其作为优先性与探索性地对接工作稳扎稳打地推进。加强基础设施建设，主要以公路、港口、油气输送工程、水利设施和生活配套设施为主，其中达尔文港建设与澳大利亚最大港口墨尔本港，是我们开拓性与突破性的对接工作，其成功率高。当前虽有阻力，但"北部大开发"计划依赖于这两项基础保障性的设施，而美国不可能有兴趣投入，日本与韩国实力又略逊一筹。除这些大型的基础设施投资以外，我国可以积极应标布鲁斯高速公路、西北部沿海公路和北领地区公路项目。也应该参与《白皮书》中提及的"活牛运送通道"建设，"偏远地区的机场跑道和航空服务"能力提升建设。

3. 需要对农牧场进行有选择的投资购买与租赁，开展畜牧养殖、食品奶制品加工、渔业捕捞、粮食作物种植加工和贸易、水果种植加工和贸易、园艺以及林业等多种农业综合经营活动,建立粮食出口基地。这一方面可保障澳大利亚农牧业的可持续发展,稳定当地人的就业;另一方面也有利于我们学习海外管理农牧场的技术与管理经验,在国内耕地有限、土地污染的情况下,到国外去发展我们的绿色农牧业,为国内市场提供价廉物美的绿色农牧产品是一个绝佳的选择。

4. 由于澳大利亚政府希望用10—20年的时间打造北部地区为亚洲中产阶级服务的旅游区与农业区,所以,我们可以以收购、参股、包干建设,独立建设与运营等各种灵活的方式在旅游服务业寻找广泛配套性的项目进行对接。考虑到大量的外来人员进来,原来当地的设施将难以满足需要,因此,可尽快投资高档宾馆、度假区、体育运动设施、绿色餐饮、养老院及适合亚洲人生活的居住区等。

5. 虽然西澳大利亚州铁矿石资源占全国的90%,北领地的能矿资源也非常丰富,如黄金、铀、锌铅、铝土、锰、石油、天然气、页岩气等,开采成本也比较低,而且这些资源都是中国经济发展亟需的,但由于澳大利亚对中国垄断或控制这些矿产业的开采权非常关注,所以,我们需要以谨慎、渐进与合资的方式进入这个开采领域,与力拓、必和必拓等世界著名的矿商进行合作开发。另一方面,考虑到矿企碳税成本较大、矿工短缺、工资高昂、中国工人获得签证不易等原因,在进行投资前必须进行科学的成本核算。

6. 鉴于澳方在旅游方面要建立面向中国和印度的旅游电子签证,试点快速通道服务,考虑在昆州和西澳州增设出入境口岸,我国外交部、国家旅游总局、海关等相关部门可与澳方建立对接，方便中国游客、商人、科研与金融人士赴澳旅行。

7. 为确保我国金融部门对中资企业、中澳产业园区提供便捷有效的服务，我国工商银行、建设银行、交通银行、农业银行、国家开发银行、浦东开发银行、招商银行等应与澳方的澳新银行、国民银行、西太银行、联邦银行等本地银行、产业投资基金、保险公司、风险资本等金融机构建立对接合作关系，打造金融合作平台，畅通投融资合作渠道。

与此同时，我们相关金融机构需探索投融资合作新模式，全面开展项目融资、贸易融资、国际结算、财务顾问、离岸资产证券化、银团贷款等综合金融业务，为参与澳大利亚北部大开发计划的中资企业提供全方位一站式服务，引导中资企业探索"EPC＋F"（工程总承包加融资）、PPP（公私合营）、BOT（建设—经营—移交）、PFI（私营主动融资）等多种合作模式。[①]

三、实施合作对接的战略思路

（一）我们需要对"北方大开发"计划进行中的各种问题进行跟踪研究，随时调整我们的宏观协调政策。目前，有两个问题值得我们关注：1. 澳大利亚北方招商很热，但其他国家投资方积极性

---

① 孟刚：《澳大利亚北部大开发为开发性金融带来战略新机遇》，《中国银行业》2016年第4期。

不高，这似乎对中国商人来说是良机，但也蕴含着挑战，因为澳大利亚并不希望把这块宝地全部包给中国人开发，多国、多元、平衡开发是其经营的基本要求之一。如达尔文组织的投资大会，有20个国家的250家外国投资者与会，但实际交易很少。2. 中国在2013—2014财年已超过美国成为澳大利亚最大的外资来源国。其中房地产业、制造业以及其他行业的项目审批金额达到了270亿澳元。所以，澳方已经开始对中方对当地房地产与国家重大命脉领域的过热投资进行限制，如华为被剥夺了竞标全国宽带网络项目资格；澳大利亚政府对中国房产商购买悉尼派珀角的水岸豪宅进行调查；收紧购买已建房地产的产权规则等。[①]

（二）针对美国经常以不利于联盟关系为由干扰中澳经济合作的动作，我方宜加强与澳大利亚国内政界人士的沟通，同时加强对其国内社会的公共外交工作，增进两国民众之间的相互了解，夯实两国经济合作的民意基础。

（三）客观对待中美澳三国外交战略取向和外交目标上的差异，国内涉澳的企业、机构都应该有专人密切关注澳大利亚国内有关中国投资的舆论动向，及时对各种项目可能遇到的问题提出判断性意见与预警，以便提前修订与调整政策，妥善应对矛盾，减少风险与承担不必要的经济成本。

（四）考虑到中国对北部逐步增加投资势必会需要雇用大量当地劳动力，因此，需要同时配套设立一大批双语的职业培训中

---

① 史蒂夫·约翰逊、杰米·史密斯：《澳大利亚北部开发倚重中国投资》，英国《金融时报》（中文网），2016年3月1日。

心，对当地人特别是土著人进行技术、语言、东方文化、企业规制的教育。以尽量避免与减少中资企业与当地员工发生劳资矛盾的频度，防止澳大利亚社会舆论对中企与当地人矛盾的扭曲报道。

（五）我国政府部门宜制定规定，企业在作出海外并购、参股与直接投资决策前，必须对投资对象进行全面客观地投资环境评估，这种评估必须由政府委托第三方做，评估内容包括法律环境、社会舆论反响、市场效益、社团态度、政府法规与管理运作情况，以及本企业在劳工政策、环保要求、雇用外籍员工的比例等方面是否与当地国政策接轨等。

（六）在中澳两国合作方式上，可考虑共同出资或由多国合作开发的方式。一方面，可以减少具有意识形态与战略偏见的澳方政界人士、议员与媒体的不公平的指责、监控，这样获得并购与招标成功率就会高一点。如新南威尔士州电力集团50.4%股权的报价，如果有澳大利亚本土企业参与，结果可能就不同。另一方面，合作并购也可以降低成本，提高与当地社会的润滑度。

（撰稿人：崔荣伟、刘鸣　上海社会科学院
国际问题研究所助理研究员、研究员）

第七章 "丝绸之路经济带"与亚太经合组织(APEC)对接合作

在经济全球化和地区一体化的背景下,由官方推动的亚太经合组织(Asia-Pacific Economic Cooperation,APEC)于1989年应运而生。自成立以来,作为亚太地区层级最高、领域最广、影响力最大的政府间经济合作机制,APEC通过关税的多边减让、单边行动等,加强开放的贸易体制,已经在贸易投资自由化和便利化、经济技术合作、透明度等支柱领域取得较大进展,维护了本地区人民的共同利益。中国加入APEC已有26年,与亚太经济体的经贸联系日益密切。目前,中国贸易的62%、实际利用外资的83%、对外直接投资的68%都是与APEC成员进行的,中国主要贸易伙伴中绝大多数都是APEC成员。目前中国已和21个APEC成员国中的16个及东盟10国签订了双边自贸协定。中国是APEC的积极参与者、建设者和贡献者,两次成功主办 APEC 领导人非正式会议,为亚太合作注入新动力。近年来,中国共主持了 200 多个经济技术合作项目,涉及区域经济一体化、互联互通、基础设施建设、人力资源开发、科技、环境、中小企业等多个领域,受到 APEC 成员特别是发展中经济体的高度赞赏。中国始终致力于推动贸易投资自由化和便利化,为亚太区域合作做出了不懈努力。"一带一路"倡议是中国的宏伟构想,作为一项系统工程和各国人民的伟大事业,旨在促进沿线各国的经济繁荣与区域经济合作,形成新的区域经济合作带。"一带一路"建设和 APEC 在很多领域具有共性,可以相互支撑、优势互补、彼此助力,推动共同发展。

一、"一带一路"与亚太经合组织高度契合

(一) 区域人口重合

APEC 目前共有亚太地区成员 21 个,而"一带一路"沿线国家和地区共有 65 个,同时参加两大区域经济合作的国家和地区有 10 个。如果将亚洲基础设施投资银行的成员考虑在内,那么还将包括澳大利亚、韩国等 6 个国家,这就使得"一带一路"和 APEC 经济体在地理区域上具有较大重合。从经济发展水平看,"一带一路"沿线国家覆盖约 45.5 亿人口,占世界人口的 62%,贸易总额超过 15.6 万亿美元,占全球贸易总额的 31.6%。其中,与 APEC 重合的人口约为 20.8 亿,占"一带一路"沿线国家和地区人口的

45.6%、APEC 全部成员人口的 73.5%;与 APEC 重合的贸易总额超过 10.3 万亿,占"一带一路"沿线国家和地区贸易总量的 65.8%、APEC 成员经济体的 45.1%。可以看到,"一带一路"可以覆盖 APEC 经济体大约 3/4 的人口,以及一半左右的贸易总量;而 APEC 合作机制可以覆盖"一带一路"沿线约一半人口,以及大约 2/3 的贸易总量,两大机制互相补充,如果共同发展,可以相互受益。

(二) 目标一致

2013 年亚太经合组织领导人宣言中提出硬件、软件和人员交往互联互通三大支柱,实现亚太无缝、全方位互联互通和一体化的目标。实现互联互通对于亚太经合组织这样多样化的地区组织是极具挑战的目标,但正是这样的目标将激励我们取得切实、有力的成就。互联互通不仅对政府和工商界具有重要意义,对亚太经合组织大家庭也至关重要。实现亚太经合组织发达经济体和新兴经济体之间的连接,将提升区域经济增长质量,促进亚太经济繁荣和韧性。2014 年北京 APEC 会议将"促进经济创新发展、改革与增长"作为重点议题,确立了"经济改革、新经济、创新增长、包容性支持、城镇化"五大支柱;2015 年菲律宾 APEC 会议将主题定为"打造包容性经济,建设更美好世界";2016 年秘鲁 APEC 会议则以"高质量增长和人类发展"为主题。

与此同时,中国提出的"一带一路"倡议既有历史启迪,又有鲜明时代特色,与亚洲互联互通建设相辅相成,将为沿线国家增进政治互信、深化经济合作和密切民间往来及文化交流注入强大动力,具有巨大合作潜力。"一带一路"倡议的"五通"的核心就在于促进全球经济增长,也是夯实世界经济长期稳定发展的基础。两大机制目标相似,包容、持续、共享的经济发展是共同追求的目标。

另一个锦上添花的动力是联合国亚洲及太平洋的倡议,建设基于亚洲高速公路和泛亚铁路网络的一体化协同联运系统,它将有助于区域互联互通的可持续性。同时建立亚太信息高速公路,旨在连接各国的主干网络并将其整合为陆海一体的光纤基础设施。

(三) 方式契合

亚太各国形态各异,社会制度千姿百态,必须在求同存异、尊重各自发展道路的基础上推进区域合作。中国推进"一带一路"建设,共商、共建、共享是核心要义。共商就是集思广益,好事大家商量着办,兼顾双方或各方利益和关切,体现双方或各方智慧和创意;共建就是各施所长,各尽所能,把优势和潜能充分发挥出来,聚沙成塔,积水成渊,持之以恒加以推进;共享,就是让建设成果更多更公平惠及沿线各国人民,打造利益共同体和命运共同体。总之,坚持开放的区域主义,塑造开放的亚洲经济格局。鼓励域内外国家加强合作,各尽其能,优势互补,利益共享,不搞封闭性集团,不针对第三国。当务之急是协商解决影响互联互通的制度和标准问题,切实降低人员、商品、资金跨境流动的成本与时间。在此过程中,应尊重各国主权和领土完整,照顾各方舒适度,不强人所难,不干涉他国内政。

APEC 在逐步发展过程中形成了自主自愿、灵活、开放、渐进的 APEC 方式,它也是亚太各国推动贸易便利化与增长的共商平台,未来构建亚太自由贸易区的路线图也是在凝聚成员共识的基础上形成的,其推进路径与速度也必须是各成员国相互协力。一旦最终能够打造一个自由贸易区,它必将有利于各成员国的贸易增长与相互之间的合作深化,扩大区域共同利益。

二、APEC 框架下构建亚太自贸区(FTAAP)进展与障碍

在 APEC 成员中,大部分国家都处于"一带一路"沿线区域,互联互通及贸易与投资合作是"一带一路"建设的一体之两面,核心是实现亚洲国家的联动发展:互联互通包括交通基础设施的硬件联通,规章制度、标准、政策的软件联通,以及增进民间友好互信和文化交流的人文联通,涵盖政策沟通、设施联通、贸易畅通、资金融通和民心相通五大领域。其中,基础设施建设是互联互通的基础和优先。"五通"既包括推进贸易自由化和便利化,建立自由贸易区;又涵盖促进投资合作和便利化,消除投资壁垒,建立各种产能合作区与高科技发展区。APEC 以推动贸易投资自由化、便利化为主要内容,而贸易与投资畅通的物质前提就是道路、铁路、港口、航空、海运、管道、网络的现代化的联通,换言之,"一带一路"倡议当然成了 APEC 的题中之义,是两者的重要对接领域。当前,在

APEC框架下推进亚太自贸区（FTAAP）建设已成为多数成员国的基本共识，FTAAP应当成为今后APEC发展的努力方向。

　　FTAAP并非一个新事物，新西兰学者早在2003年就提出整合APEC内部诸多区域贸易协定的建议。2006年，美国在河内APEC会议上正式提出推动亚太自贸区谈判的计划，同年APEC将其列入长期目标。然而，由于各方关注点不同，这一概念没有得到太多重视，美国的热情也逐渐转移到跨太平洋伙伴关系协定（TPP）。因此，FTAAP的想法始终处在一种较为停滞的层面。2010年的日本APEC领导人会议提出，将采取具体行动实现亚太自贸区，并且发布《亚太自贸区的实现途径》，将其作为宣言附件。在之后的几次会议中，各方逐渐就"FTAAP是深化亚太区域经济一体化的主要工具"达成共识，使FTAAP重新获得各方重视。2014年，北京APEC会议将FTAAP由愿景转化为实际行动，批准了《亚太经合组织推动实现亚太自贸区北京路线图》，决定通过实施路线图，加快努力，在完成现有路径的基础上建成亚太自贸区。

　　北京路线图确定了FTAAP的性质和地位，即"亚太自贸区不仅仅是狭义范畴的自由化，也是全面的、高质量的，并且涵盖下一代贸易投资议题的自由化"，而且"亚太自贸区将建立在APEC之外，与APEC自身进程平行推进。"这成为2006年APEC会议首次提出FTAAP目标以来，最为系统的文件，它提出启动实现FTAAP有关问题的集体战略研究、建立APEC自贸区信息交流机制、实施第二期能力建设行动计划等建议。2015年菲律宾

APEC会议重申,亚太自贸区建设的基础是区域自贸协定,支持TPP早日生效,并尽快完成区域全面经济伙伴关系协定(RCEP)。在2016年的利马峰会上,各经济体领导人批准了《亚太自贸区集体战略研究报告》和相关政策建议,这份报告评估了亚太自贸区潜在的经济影响和社会效益,盘点了实现亚太自贸区的各种可能路径,圈定了贸易投资壁垒,并进一步明确实现亚太自贸区是下一阶段亚太区域经济一体化的主要目标。这份报告的出台标志着FTAAP倡议向前迈出了重要一步。应当来说,FTAAP经历了初步提出、发展停滞、获得重视、系统推进的发展过程,APEC保持了继续推进FTAAP的势头。

中国自始至终在推动FTAAP建设进程中发挥积极的引领作用,在历次会议中强调坚定推进亚太自贸区建设,为亚太自贸区建设持续不断地提供支持,不仅开启了亚太自贸区的建设进程,也推动了之后的战略研究。2017年,中方还提交了《关于APEC"后2020"贸易投资合作愿景的非文件》,为推动实现全面、高质量的亚太自贸区,构建全方位贸易互联互通网络,打造更具包容性的亚太全球价值链,培育新的经济增长源泉提供了方向。

目前,尽管各国确定了将APEC作为亚太自贸区建设的主要手段,也完成了《亚太自贸区集体战略研究报告》的终期论证,并通过了APEC成员国的审议,但距离启动实质性的谈判还存在许多不确定的经济和政治因素,特别是特朗普担任美国总统后对经济全球化、开放的世界贸易体制采取了一系列破坏性的举措,削弱了世界各国与APEC成员国对加速建立一个更具开放性和普惠性的全球贸易体系与区域经贸体制的积极性。

从经济因素来说,推动亚太自贸区建设的具体路径问题一直是争论的焦点。WTO 多哈回合谈判进展缓慢使各国转向区域一体化安排,在亚太地区,各种自由贸易协定为数极多且相互交叠,每个协定下的规则也各不相同,如何进行协调仍是难题。当前,"跨太平洋伙伴关系协定"(TPP)和"区域全面经济伙伴关系"(RCEP)构成了通向 FTAAP 的路径。然而,一方面,如果以 TPP 为版本商谈 FTAAP 方案,势必大幅吸纳 TPP 所涵盖的贸易新议题和新规则。虽然能够得到发达国家的支持,但对发展中国家的开放压力无疑是巨大的。另一方面,如果以 RCEP 为版本推进 FTAAP 方案,虽然考虑到了大多数发展中成员的舒适度与差异性,但由于谈判结果可能仅能达成较低的货物贸易自由化率、非常有限的服务部门开放、过低的贸易新议题和新规则覆盖率等,很难引起发达国家的兴趣。总之,从这两个方案推进 FTAAP 建设,在谈判过程中可能都会遇到较大挑战。

当前,虽然美国已经正式宣布退出 TPP,但美国以外的其余 11 个 TPP 国共同商讨 TPP 后续前进方向,2017 年 12 月正式把 TPP 改名为"跨太平洋伙伴全面进步协定"(Comprehensive and Progressive Agreement for Trans-Pacific Partnership,CPTPP)。而 RCEP 作为一个唯一包含 CPTPP 东亚主要发达国家与发展中国家的经济合作机制,东亚的多数国家支持 RCEP 的继续谈判,看好其前景,对 RECP 谈判有紧迫感。但是,各国对 RCEP 的谈判立场并不相同,日本、新加坡等原 TPP 国家一直希望将 TPP 部分透明度标准及投资规定引入RCEP，实现高水平的自由化；中国、菲律宾等国则希望尽早达成一个较为均衡的协定；老挝、缅甸则强调发展中成员的特殊性和差异性，注重能力建设和基础设施合作。为更好地整合与协调现有的数个"东盟＋1"自贸协定，兼顾小国利益，平衡各方利益，谈判难度仍然不小。

TPP曾是奥巴马政府"重返亚太"战略的重要组成部分。美国曾试图依托TPP在亚太地区选择性地构建一个自由贸易集团，推动其成为未来亚太经济一体化的标杆，推广有利于美国等发达国家企业、商品竞争的市场、环境、劳工、政府采购的标准与规范，意在抵消以国有企业为主的中国对外经济竞争力。时任美国政府对推动FTAAP并不热心，更多是将这一中国着力推动的区域经济安排看作是对抗TPP的举措之一。特朗普当选美国总统之后，承诺要打破现有国际贸易格局，采取更多贸易保护主义措施，其"美国第一""美国优先"为基调的外交政策理念，使其在经贸方面表现更加强硬，强调维护美国的单方面贸易利益，否定构建以市场对等开放、扩大经济要素自由流动为标志的多边自由贸易区，要求重新谈判亚太地区的美韩自由贸易协定。

基于美国经贸政策的变化及对FTAAP的消极性，即使有一定程度的参与，其对于相关国家市场的开放要求与标准也会很高，使得谈判进程会非常艰难。因此，如何与美国进行协调与合作是一个关键问题。基于美国在全球层面仍然具有实力和影响力，FTAAP如果没有美国的参与和支持将会有很大困难。与此同时，日本、新加坡、马来西亚等国近期把焦点放在CPTPP11国的歧义性事项的协商，一旦协商事项获得共识，CPTPP可望于2018年上半年签署，若后续有6个以上的会员完成协定国内批准程序，则有机会于2018—2019年生效。日本意图在拥有CPTPP生效的筹码后，才会认真与中国、印度进行讨价还价，谈判RCEP。在此之前，CPTPP11国对推进FTAAP兴趣不大。而美国退出TPP后，为消除贸易赤字、追求公平贸易，会考虑与日本建构双边FTA。对于APEC，它可能会力图把开放的"印太"作为其推销的一个主要的理念性目标。

在互联互通方面，APEC虽然在促进互联互通方面取得了很多进展和成就，但挑战犹存。在硬件联通方面，域内基础设施及信息通信技术设施的普及和质量仍不均衡；在软件联通方面，由于各种管理限制或能力差距，现有规制在促进互联互通方面仍有很大不足；在人员交往互联互通方面，人员交往和流动障碍仍然在政治上与法律上有诸多限制，需要为促进人员顺畅流动而共同努力。

三、未来合作战略思路

其一，由于短期内FTAAP启动谈判的可能性极小，所以，"一带一路"与APEC合作仍然以寻求贸易、投资与互联互通的对接为主。考虑到APEC是个政府间的经济和贸易论坛，其主要功能还在于讨论削减贸易和投资壁垒，并不要求成员国达成某种具有法律效应的承诺。因此与APEC对接，重点在贸易的便利化、绿色产业的发展、技术的共享、规则的共建、标准的统一。同时需要把每年APEC会议所确定的重点工作议题,特别是与互联互通的决定纳入到中国政策执行与对接的范围。如《亚太经合组织互联互通蓝图(2015—2025)》《亚太经合组织基础设施公私伙伴合作关系项目实施路线图》《通过公私伙伴合作关系促进基础设施投资行动计划》等。自1989年成立起,信息通信技术发展一直是亚太经合组织工作重点之一。加强信息共享,改善通信技术,将使亚太人民之间、机构之间联系更加快捷和可靠,促进贸易和经济增长。2017年第25次领导人非正式会议上,把促进数字时代中小微型企业的竞争力与创新以及促进食品安全和可持续农业列入了议题。在2015年举行的马尼拉第23次非正式会议上,通过了《APEC服务业合作框架》,其中APEC的共同行动完全可以与"一带一路"对接。

其二,根据这两年APEC会议通过的文件,"一带一路",特别是"海上丝绸之路"倡议的部分重点可倾斜于扩大与成员国的中小微企业合作,扶助中国与其他国家的企业参与全球价值链,逐步与亚太地区的大企业、跨国企业建立配套的产业链。

其三,亚太企业工商界是本区域经济一体化,经济深入合作,实现经济繁荣的主体。为此,提出了《APEC商务旅行卡》倡议,以提升商务旅行者的灵活度。而"一带一路"的推进,必定有大量的中国工商界人士频繁到周边几十国商务旅行,因此,积极支持这个倡议,尽快制订发行《APEC商务旅行卡》的规则,争取使参与中国"一带一路"项目的海内外工商界人员获取APEC商务旅行卡应是中方与APEC对接的重点工作。

其四，硬件联通涉及很多跨领域问题，需要重点改善投资环境，通过公私伙伴合作关系及其他渠道加强亚太经合组织经济体基础设施融资。"一带一路"还涉及大量不同层次、不同种类的中外企业之间的经贸合作与金融交接，其中有信用资质良好、严格按照法律规范运作的商界，也有不发达地区的不规范的市场与经济体，使得合作项目隐含各种经济风险。要获取这种信息，管控风险成本，单靠我们一国去做必定消耗时日，事倍功半。而 APEC 财长会机制及其提出的资质和信用体系相关的信息交流，探索相互认证措施，这完全可以为我所用。在评估基础设施项目建议时，可采用 APEC 提出的关键质量要素的综合评估方式。在规划和实施基础设施项目时，加强运用良好实践，倡导以人为本的投资。

其五，"一带一路"推进需要金融保障，亚投行与丝路基金虽然部分解决了资金问题，但与实际需要的资金缺口仍然很大，仅靠这两个金融机制显然是不够的。更重要的是，亚投行才刚刚起步，有 80 多个成员国，治理与选择项目需要符合透明度与国际规范，它无法完全按照我们的设计、规划发放贷款，支持项目。同时，在管理项目方面，我们与世行、亚行相比，缺乏人才、经验、制度、技术支援与数据积累。目前，APEC 提出了支持特定金融服务的跨境服务条款，实施"亚洲地区基金护照"中自愿参与的普惠金融倡议及约定；也已通过了《制造业相关的服务业行动计划》，在此框架下促进制造业相关的服务业自由化和便利化合作。另外，财长会机制已经在基础设施公私伙伴合作关系领域为促进知识共享和能力建设方面做了实质性工作，公私伙伴合作关系专家咨询小组已发挥作用,推广公私伙伴合作关系,为基础设施建设提供私人融资,发挥技术库功能。因此,借用 APEC 这个平台中正在发展的金融管理与服务业机制,创新融资机制,将是有效的路径。

其六,"一带一路"就是通过实行"五通"来加快沿线国家与中国的软硬联通,分享中国的产业、技术、资本,实行共同发展与共同繁荣。其中,港口、道路、铁路、石油与天然气管道、航空走廊的互联互通是核心。在这方面我们可以优先运用《APEC 互联互通蓝图(2015—2025)》的文件内容,建设、维护和更新能源、信息通信技术及交通运输基础设施,提高亚太经合组织运输网络的质量和可持续性,进一步帮助相关国家普及宽带网络;实现海关和边境管理机构现代化,推进政府整体框架下的规制建设。在软件联通领域,可先行采取举措,解决贸易便利化、结构和规制改革、交通及物流便利化等领域的重大问题;探索在 2020 年之前各经济体建立海关"单一窗口"系统,以促进各"单一窗口"系统的相互适用和无纸化贸易。

其七,亚洲各国发展战略和基建规划对接,可以发挥比较优势和后发优势,在全球供应链、产业链和价值链中占据有利位置,提高综合竞争力,实现强劲、可持续、平衡增长。同时,在 APEC 范围内,双边层面也可以通过加强物流和交通运输基础设施合作,促进地区货物和商品过境运输,扩大地区生产网络,深化区域经济合作。

其八,互联互通及贸易与投资等领域的人才培养、培训非常重要,这方面不发达成员国尤其缺乏,宜在 APEC 机制内建立若干个互联互通与工技贸学院,专门根据成员国的薄弱领域进行重点发展培养,中国可以提供场地、经费与师资。同样,学生、研究人员、教育工作者、媒体人员、技术人员的流动也有助于不同区域人员的能力提高与相互联系,促进人文交流,并通过知识和技能的传播推动经济发展。我们应该努力推进实现2020年前亚太经合组织范围内跨境学生交流每年100万人的目标,并主动派出赴"一带一路"核心国家内中国留学生与访问学者的数量。

其九,APEC与"一带一路"对接过程中,探寻各种新机制、产业发展的新技术创新、科学实验室的创建极其重要,所以应该推进跨境科技和创新交流工作,建立跨境的科研产业园区,设立资助基金,扶植新开发的技术可以在APEC内部分享的风险创新企业的发展。每年一度的"亚太经合组织创新、研究与教育科学奖"也应该纳入这个统一的机制。这个奖项主要授予同其他亚太经合组织经济体科学家开展合作并展现出卓越科研品质的年轻科学家。

总之,"一带一路"与促进亚太地区市场开放可以协调同步进行,鼓励发展两者之间的互补作用。中国需要与各成员国在APEC平台上集体行动,积极落实WTO框架下2017年正式生效的《贸易便利化协定》等,推动WTO框架下服务贸易谈判、国际规制合作等议题。同时,通过APEC平台,巩固、维护、促进亚太各国的开放政策与公平的市场竞争环境,坚决反对贸易保护主义,审慎、合理、有节制地运用贸易救济措施,为亚太地区经贸关系的可持续发展共同创造良好的环境。

在推动两者之间协调工作中,要发挥东盟这个地区组织的主导作用。东盟是中国"一带一路"倡议和APEC的重合地区,也是参与RCEP的核心成员与未来建设FTAAP的重点地区。目前,部分东盟国家已加入CPTPP,另有一些国家则正处于观望状态。要推动FTAAP建设,中国要重视东盟这一战略地位,与东盟利益实行对接,加快东亚自身的一体化进程,特别是大力推动由东盟主导的RCEP谈判,尽快促进完成这一自贸区建设。RCEP对多数东盟国家来说更符合国家实情,能够带来更大的福利收益。在美国退出TPP的这一机遇期,应推动各方凝聚合作共识,妥善处理和管控政治摩擦,尽早达成RCEP协议。此外,作为FTAAP的重要参与者,FTAAP谈判同样需要调动美国的积极性,面对中美在亚太地区既竞争又合作的态势,中国应主动邀请美国建设性地参与东亚和亚太经济一体化进程,充分利用APEC中两国担当主席的"主席之友"工作组,以中美的双边经济合作推动多边合作以及亚太经济合作框架的搭建。

推动亚太地区互联互通,理当发挥中国引领作用。互联互通是区域经济一体化的本质体现,尤其是基础设施的互联互通对于区域经济增长和贸易畅通具有非常积极的作用。FTAAP建设不仅需要注重制度性障碍,也要注重基础设施这一自然性障碍,而后者对于亚太地区的发展中国家来说可能更为重要。设施联通是中国"一带一路"倡议的优先领域,中国应在这一领域发挥引领作用,积极与亚太各国,特别是发展中国家对接国家发展战略和规划,注重双边重大项目的合作推进,促进区域、次区域、双边层面的大通道建设。亚太各国应充分利用亚洲基础设施投资银行、丝路基金、世界银行、亚洲开发银行等国际机制,在 APEC 平台上,积极落实《亚太经合组织互联互通蓝图(2015—2025)》,推动亚太地区在硬件、软件、人员交往三个方面更为均衡的互联互通,为实现亚太无缝、全方位互联互通和一体化的目标共同努力。

(撰稿人:吴泽林、刘鸣　上海社会科学院国际问题研究所助理研究员、研究员)

第八章 "丝绸之路经济带"与经济合作与发展组织（OECD）对接合作

经济合作与发展组织（简称"经合组织"，Organization for Economic Co-operation and Development，OECD）成立于1961年，总部设在法国巴黎，作为一个政府间国际经济组织，旨在研究、分析和预测世界经济的发展走向，协调成员国关系，促进成员国合作，共同应对全球化带来的经济、社会和政府治理等方面的挑战，把握全球化带来的机遇，推动有助于提升世界经济和社会民生的政策。同时，作为重要的国际经济政策咨询和规则制定机构，经合组织一方面为成员国制定国内政策和确定在区域性、国际性组织中的立场提供服务；另一方面为各国提供了一个分享经验和共同解决问题的合作平台，推动各国之间的政策沟通与协调。经过50多年的发展，经合组织已经转变成为全球性组织，下设约300个委员会、工作组和特别工作组,拥有来自美洲、欧洲、亚洲和大洋洲的35个成员国,包括发达国家和发展中国家。自2007年起,经合组织将巴西、中国、印度、印度尼西亚和南非视为"关键伙伴国",并随后与这些国家展开了大量合作。总的来说,经过不断发展,经合组织已经同世界各国成功解决了一系列经济、社会和环境问题,在国际社会发挥着重要的纽带作用。

一、"一带一路"与经合组织对接的重要意义

作为国际经济政策咨询和规则制定机构,经合组织与"一带一路"合作倡议的重要对接点在于政策沟通。当然,政策沟通属于广义范畴,涵盖了"五通"的大多数领域,包括运输政策、金融政策、产业政策、投资政策、贸易政策、基础设施政策、税收政策、能源政策等。这一对接对于"一带一路"合作倡议和经合组织的发展均具有重要意义。

(一)经合组织为中国发展和"一带一路"倡议提供借鉴

当前,中国经济发展进入新常态,改革进入攻坚期,对外开放进入新阶段,比任何时候都更加需要高瞻远瞩的新思想、审时度势的新战略、切合实际的新政策。经合组织拥有雄厚的人才资源、丰富的研究经验、较强的政策分析水平,能够为中国全面深化改革、

全球治理、"一带一路"等提供重要的经验借鉴。就国内改革来说，在经济进入中高速增长之后，中国如今正面临着经济改革和结构调整的挑战，经合组织能够为中国的政府官员和政策制定者提供针对中国宏观经济、结构政策以及新的发展趋势的研究分析，为中国的政策改革提供一定的借鉴。

在中国担任亚太经合组织东道国的2014年，经合组织曾就重要问题为中国提供了多项支持，如筹资建设基础设施、灾害风险防范、公私伙伴关系、全球价值链以及附加值贸易衡量。2016年，中国举办二十国集团峰会，经合组织协助中国就全球治理的议题提出了构想，包括落实全球税务议程——通过税基侵蚀和利润转移项目将经合组织成员国和非成员国平等地汇聚到一个包容性框架内；在参考经合组织投资政策框架的基础上，制定了《G20全球贸易增长战略》和《G20全球投资指导原则》。经过这些合作，极大地增强了中国与经合组织的关系，也将有助于双方今后在更大的范围进行合作，共同构建创新、活力、联动、包容的世界经济。中国在基础设施政策、能源政策、金融治理结构、贸易和投资政策等方面，也可以更多吸收经合组织各种研究报告的内容。

（二）中国的发展实践开阔了经合组织的研究视野

如今，中国不仅是世界最重要的经济体之一，还是世界经济的引擎和推动经济全球化的坚定力量。随着综合国力的提升和中国创新的技术向外转移，中国创设的技术标准将逐步在项目推进过程中为合作伙伴所认可,中国标准与国际标准将逐步接轨。经合组织作为一些标准的制定者与推广者,也必然希望中国参与这些标准的制订与执行;中国也希望经合组织在制订标准时,能够参考其行之有效的标准、规范。如,中国已经通过二十国集团为经合组织许多重要举措提供了支持,如税基侵蚀和利润转移项目、新的银行间信息自动交换全球标准等。同时,通过发起成立丝路基金、亚洲基础设施投资银行等多边金融机构,中国为世界提供了创新性的金融治理架构和治理理念,推动金融治理进程更加高效、透明和公平。除了标准的贡献之外,作为经合组织的"关键伙伴国",中国可以通过经合组织平台向世界传播中国的发展经验,推动中国的发展知识走出去。只要中国和经合组织始终秉持"开放包容、互利共赢、共同发展"的合作理念,双方合作完全可以超越意识形态、发展阶段、文化传统的差异,为双方发展进步和人类共同福祉贡献力量。

二、深化与经合组织的合作

20 世纪 90 年代中期,中国和经合组织开启合作进程,作为关键伙伴国,中国以成员、伙伴方或参与方的身份参与 9 个经合组织机构,并遵从 7 个经合组织的法律文书。中国在税收透明度和合规、宏观经济监测、科学与技术、贸易、基础设施、投资和农业政策等领域为经合组织的工作作出了积极贡献。超过 30 个中国部委和机构参与了经合组织的工作活动,商务部在其中发挥了重要的协调作用。双方充分对话与沟通,促进相互理解,推动政策沟通与合作进程的深入发展。

从 2012 年开始,经合组织设立了"中国政府官员赴经合组织短期借调项目",为中国官员在经合组织巴黎总部参与一些具体的工作提供了机会。这一借调项目一方面让中国官员更好地了解和认识经合组织的工作,就后者的一些工作与研究内容保持沟通。另一方面,也帮助经合组织更好地了解中国,在研究与工作中更多纳入中国的分析视角。截至目前,已有 39 位中国官员参与了该项目工作,他们分别来自国家发展改革委、财政部、商务部、国家税务总局、中国人民银行、交通部等十多个中国部委和机构。其工作涉及多个政策领域,包括全球价值链、服务贸易、税务、产品安全及与国际投资和贸易相关的内容。这对于保持双方在政策领域的沟通大有裨益,特别是在涉及"一带一路"的领域进行充分沟通时尤为重要。

2015 年 7 月,中国国务院总理李克强访问经合组织总部,这是中国国家领导人第一次访问经合组织。在李克强总理的见证下,中国商务部部长高虎城与经合组织秘书长古里亚签署了《经合组织与中国合作中期愿景及 2015—2016 年工作计划》,这是中国与经合组织开展合作的详细计划表,确定了中国和经合组织在 20 个政策领域的合作,包括宏观经济调控、结构改革、监管、公共治理等。经合组织与商务部和其他合作部委随即展开密切合作,实施这一计划。这一工作计划的实施促进了经合组织与中国的双边合作关系,也为双方未来的深入合作奠定了基础。目前,经合组织与中国商务部、财政部、国家发展改革委、交通部、人民银行、监察部、证监会、国家网信办等国家部委和机构的合作正在稳步推进。

2015年7月1日,中国国务院发展研究中心主任代表中国签署相关协议,宣布成为经合组织框架内的发展中心成员。在协议签署后,经合组织秘书长古里亚称,"中国和经合组织在21世纪都各自经历着重要的转型。今天的协议是我们现行伙伴关系的见证,也体现了我们为更美好的生活制定更好政策的共同愿望。"发展中心的主要作用是召集经合组织成员与非成员开展政策对话,从而为可持续发展提出政策解决方案和最佳实践经验。该中心关于包容性增长、经济结构调整、减贫、联合国2015年后发展议程、二十国集团、全球价值链和可持续发展开展了重要的研究与对话,并取得了一系列的成果。中国加入发展中心,将有助于加强同非洲、拉丁美洲和加勒比以及中亚和东南亚广大国家政府和机构的伙伴关系,扩大同基金会、智库和商界及其他国际和区域组织合作。发展中心将在全球、国家和区域各层面提供政策分析比较专家团队和对话平台,以支持中国制定更好的政策,同时推动中国与其他国家共同分享发展经验,促进互学互鉴。中国也将协助发展中心参与"丝路国际智库网络"和国务院发展研究中心建设的国际发展知识中心。

中国和经合组织还在筹建钢铁产能过剩全球论坛上积极合作。钢铁产能过剩全球论坛是落实二十国集团杭州峰会的具有里程碑意义的举措,杭州峰会要求经合组织就此发挥协助作用。2016年12月,第一次会议在德国柏林召开,二十国集团成员和部分经合组织成员共33个论坛成员代表与会。中国和2017年二十国集团主席国德国担任会议联合主席。会上通过了论坛工作职责,并就下一步工作初步交换了意见。化解钢铁过程产能是一个全球性问题,也是"一带一路"倡议的合作内容,在钢铁产能过剩全球论坛框架下,中国与经合组织能够最大限度地分享在化解钢铁产能过剩方面的好经验、好做法,共同解决全球钢铁过剩产能问题,这将有助于推动全球钢铁行业和世界经济稳定健康发展,也为中国和经合组织实质性合作树立一个样板。

此外,中国与经合组织在广泛的领域开展了各种政策对话。

在发展合作领域,中国参与经合组织发展援助委员会的高级别与高层级会议,分享工作经验。在投资领域,中国参加投资自由圆桌会议,就开放、非歧视和投资协定进行了政策对话。经合组织协助中国成功建立了二十国集团贸易和投资工作组。在借鉴经合组织投资政策框架的基础上,双方就起草《二十国集团全球投资指导原则》进行了密切合作。

在贸易领域,中国和经合组织多年就一系列贸易相关问题进行合作,对全球价值链、贸易促进和服务贸易,建设统计工作基础架构等主题研究提供了政策支持。中国也继续参与经合组织的统计工作,与经合组织贸易政策和统计团队进行对话,并参与全球价值链和规划转型发展倡议。

在竞争政策领域,中国参与经合组织竞争委员会会议和技术能力建设项目。在金融领域,中国在二十国集团框架下就金融市场与经合组织进行了深入合作,2016年,中国在促进并把经合组织金融市场纳入二十国集团方面作了大量的工作。在税务领域,中国积极参与并支持经合组织的国际税务议程,对于推动经合组织成为全球税务标准制定机构发挥了至关重要的作用。在交通领域,中国于2011年成为经合组织下属的"国际运输论坛"的第53个成员国,开始参与论坛年度峰会,进行政策沟通和研究分析,务实合作不断增强。

总之,中国与经合组织的利益契合点在增加,合作之路在拓宽,双方正在推动合作迈向新的高度。

三、未来合作战略思路

第一,以经合组织为平台,推动与发达国家的基础设施合作。基础设施互联互通是"一带一路"的优先领域,也是世界各国的发展需求。当前,中国在交通、能源、通信等基础设施的合作对象国主要是亚洲和非洲国家,为这些区域提供了大量的互联互通产品,在产品供给过程中也促进了中国装备和标准"走出去"。然而,与欧美国家的基础设施合作仍然有限,中国装备和标准进入欧美国家的难度较大,中国与亚洲、中东欧的一些基础设施的合作也受到欧盟与美国的政治、技术与法律制约,因为这些国家不是欧盟成员国,就是美国的盟邦。在互联互通时代,欧美国家同样面临基础设施建设与升级换代的需求,需要与有这方面优势或拥有充足资金的国家进行合作。另外,日本在基础设施领域也有很大的优势,中日两国在一部分国家存在竞争,这也需要纳入统一管理。中国作为经合组织的"关键伙伴国",可以此为平台,加强与发达国家关于基础设施合作的政策沟通,争取使更多发达国家对中国参与海外基础设施建设能够有更多的理解与支持,同时,也可以使中国能够更多地理解发达国家对中国推进"一带一路"的忧虑与要求,这包括透明度、贷款的通用标准、欧盟的相关程序与规范等。经合组织架构下的"国际运输论坛"应该是合适的平台与机制,可考虑成立中国—经合组织基础设施合作论坛,就以上相关情况进行机制性沟通与协商。

第二,积极把握经合组织平台,推动标准和规制的互联互通。随着世界平均关税水平的降低,大部分配额已被取消,资本控制逐渐放松。各国经济的整合越来越将关注点转向非关税措施,其中,一国"边境后"的国内标准和规制的不同逐渐成为贸易畅通的突出阻碍。"一带一路"的内容不仅仅是基础设施联通,还涉及贸易、资金互通与政策的沟通,而经合组织及其成员国仍然是国际标准和全球规制的主要动议者与创设者,要推动、加强中国和经合组织就标准和规制问题的沟通交流,这是政策沟通和贸易畅通的重要内容。中国国家发展改革委、财政部、商务部、交通运输部、农业部、中国人民银行、质检总局、工商总局等政府部门应更加积极地参与经合组织关于规则制定的研究和讨论项目,介入规则的衔接及落实。在这过程中,一方面应借鉴国际标准和国际规制,改革中国国内标准和规制体系;另一方面也应积极融入中国标准和中国规制的因素,在国际规则与国内规则的互动中,推动中国标准和规制"走出去",提升中国标准和规制的话语权和影响力。

（撰稿人：吴泽林、刘鸣　上海社会科学院国际问题研究所助理研究员、研究员）

第九章 "丝绸之路经济带"与经济合作组织（ECO）对接合作

经济合作组织（Economic Cooperation Organization，ECO）是由伊朗、土耳其、巴基斯坦于1985年成立的区域性政府间组织，旨在为促进成员国之间的经济、技术和文化合作提供一个平台，其前身是成立于1964年的地区合作发展组织（the Regional Cooperation for Development，RCD）。经济合作组织的秘书处和文化署设在伊朗，经济署设在土耳其，科技署设在巴基斯坦。1992年，阿塞拜疆、吉尔吉斯斯坦、土库曼斯坦、乌兹别克斯坦、哈萨克斯坦、塔吉克斯坦、阿富汗先后加入该组织，使成员国总数达到10国，成为拥有约4.65亿人口、783万平方千米土地和以伊斯兰文化为特色的区域性合作组织。该组织成员地处中亚、西亚和南亚地区，属于全球的"心脏地带"，其重要性不可低估。

在机构设置上，该组织设有部长理事会、区域计划理事会、秘书处以及专门机构等。近年来，经济合作组织在国际上的影响力逐渐提升，致力于推动各自成员国之间的合作与可持续发展，包括打破各种经济贸易壁垒，加强基础设施建设合作与自然资源的开发利用，提升农业和工业的发展水平，增强本组织与其他国家组织的沟通与联系等。2017年3月，该组织在伊斯兰堡峰会期间发布的《经济合作组织2025愿景》和《伊斯兰堡宣言》把当前需要扩大合作的领域确定为贸易、运输、互联互通、能源、旅游、经济增长和生产率、社会福利与环境等方面。

经济合作组织东临中国，西临欧洲，北部与俄罗斯接壤，南部是阿拉伯海和波斯湾，覆盖了重要的能源产区，也是贸易和运输的要道，是东西方交往的重要通道，也是"一带一路"建设的必经之地和关键环节。近年来，经济合作组织成员国的政治局势较为稳定，经济增长的预期较好，各成员国都把经济增长、工业化和互联互通作为中心任务，推动经济社会可持续发展。值得一提的是，各成员国对"丝绸之路"的历史记忆深刻，对"一带一路"倡议高度认同，"向东看"趋势明显，优先合作领域与中国的优势高度契合。迄今为止，大多数国家都与中国建立了战略伙伴关系，中国已成为各成员国主要的贸易伙伴。因此，稳定的地区环境为推进"一带一路"建设提供有利的前提条件，一致性的历史记忆为推进"一带一路"建设提供了共同的认知基础，而契合的合作领域为推进"一带一路"建设提供实质性的发展动力。"一带一路"建设与经济合作组织的对接对双方的发展来说具有重要意义。

一、"一带一路"与经济合作组织的对接

（一）贸易畅通

"一带一路"倡议能够和经济合作组织对接的第一个内容在贸易领域。在新的历史起点上，中国正越来越适应经济全球化的新趋势，正在以更加积极有为的行动，推进更高水平的对外开放，加快实施自由贸易区战略，加快构建开放型经济新体制。近年来，中国主动开展与区域组织的经济合作进程，与东盟共同建立了自由贸易区并完成了升级版自由贸易协议的签署，与海湾合作委员会的自贸区谈判已经进入到了最后冲刺阶段，与东亚及南太等15国正在加速谈判区域全面经济伙伴关系协定，也探索扩大上海合作组织内成员国的经济合作层次，对同其他地区的一体化组织的合作也持开放态度，所有这些努力与初期成果都显示了中国对于扩大同世界各地的区域一体化组织合作持有强烈的意愿，以确保中国改革开放的持续性与未来发展空间。

贸易自由化和经济合作同样是经济合作组织的重要合作领域。早在1992年，该组织成员国就订立了优惠关税协定。2000年，各成员国还一同签署了经济合作组织贸易协议，决定逐步取消成员国之间的关税和非关税壁垒，向建立自由贸易区迈进。为进一步推动这一目标的实现，2017年发布的《经济合作组织2025愿景》还将实现自由贸易协议的年限设定为10年。虽然，这一贸易

自由化和便利化进程在执行过程中遇到了一定的挑战,但据 2016 年的数据,除了尚未加入世界贸易组织的伊朗关税仍达 20.9%,其他国家的平均关税都已经下降到 15% 以下,土耳其则更低。

近年来,中国与经济合作组织成员国的贸易日益加深,合作日益深化。中国已经同巴基斯坦签订了自贸区协议,并正在进行第二阶段谈判;中国与土耳其近年来经贸合作不断加深,贸易额增长迅速,2016 年达到 277.6 亿美元。土耳其对中国出口的主要是矿产品,其中以矿砂、矿渣及矿灰石料、矿砂和盐、硫磺、土及石料、石灰及水泥等初级产品为主,占到土耳其对中国出口总额的 57.2%,此外,化工产品占 9.3%,纺织品及原料占 8.8%。中国对土耳其出口的主要是机电产品,2016 年前三个季度,占中国对土耳其出口总额的约 55.2%,为进一步推动双方互利合作,双方还于 2015 年签署了《"一带一路"倡议和"中间走廊"倡议相对接的谅解备忘录》;中国同伊朗的贸易关系较为密切,是伊朗的第一大贸易伙伴国,2016 年双边贸易额达到 312 亿美元,其中,中国对伊朗出口额为 164 亿美元,伊朗对华出口额为 148 亿美元。中国对伊朗出口以机电、纺织、化工、钢铁制品等为主,从伊朗主要进口原油、矿石、初级塑材、钢材和农副产品等;中国同哈萨克斯坦的务实合作不断加深,2016 年的双边贸易额为 130 亿美元。其中,中国出口额为 82 亿美元,中国进口额为 48 亿美元。中国和中亚五国的贸易已经从 1992 年的 4.65 亿美元,增长到 2014 年的 450.1 亿美元,年均增长 23.1%。中国在中亚五国的贸易地位日益重要,各方也在上海合作组织框架内持续推动经济合作进程。

（二）设施联通

基础设施建设是经济合作组织的重要合作领域和追求的主要目标，因为目前各成员国的公路、铁路、电网、管道、宽带的水平和程度较低，难以支撑和提升更大程度的区域贸易发展。据世界经济论坛发布的《全球竞争力报告 2015—2016》，经济合作组织成员国的基础设施水平普遍不高，排在最前面的土耳其在世界总体排名上也在第 53 位，而其他国家，哈萨克斯坦排名第 58 位，伊朗为第 63 位，阿塞拜疆为第 65 位，塔吉克斯坦为第 111 位，吉尔吉斯斯坦为第 114 位，巴基斯坦为第 117 位，其他成员国则更为靠后。因此，该组织成员国加强和改善基础设施的意愿较高，发展需求较大，历次峰会都强调了提升基础设施水平的重要性。2017 年峰会上发表的《伊斯兰堡宣言》中指出："要把发展交通运输基础设施、贸易和投资便利化、有效利用本地区丰富的能源，列为经济合作组织落实合作的优先领域"，"要扩大经济合作组织范围的运输与过境、电讯、网络、各种形式的能源，以及人民之间的互联互通。"

在基础设施建设领域，中国已经和一些成员国开展了有益的合作。中国和巴基斯坦携手打造"中巴经济走廊"倡议，共同投资建设卡西姆港燃煤电站项目、苏克阿瑞大型水电站项目、喀喇昆仑公路二期（赫韦利扬—塔科特段）项目、卡拉奇至拉合尔高速公路（苏库尔—木尔坦段）项目、瓜达尔港及配套项目等，这些合作项目在中巴领导人的共同关心和支持下逐渐落地，使中巴两国的政治经济关系更为紧密，是推动实现巴基斯坦梦和中国梦的双赢选择；吉尔吉斯斯坦和乌兹别克斯坦开辟了通往中国的新货运路线：塔什干—奥什—喀什。目前这是连通三国的最短路径。下一步就是修建中国—吉尔吉斯斯坦—乌兹别克斯坦铁路干线；中国承建了连接塔吉克斯坦和乌兹别克斯坦首都的塔乌公路，使总体路程缩短近50千米，这条公路打通了塔吉克斯坦南北之间及同别国的运输联系，对巩固民族团结、促进经济和社会发展、扩大经贸联系及提高人民生活水平具有十分重要的意义，其他合作项目还包括中亚最长的"安格连—帕普"铁路卡姆奇克隧道、塔吉克斯坦"瓦赫达特—亚湾"铁路、土耳其安伊高铁等。这些基础设施合作增加了中亚、西亚和东亚国家的经济活力，为推动地区经济合作打下扎实基础，也将进一步推动中国与经济合作组织成员国的基础设施合作与产能合作。

二、未来合作战略思路

第一，为加强中国与经济合作组织成员国的贸易互联互通，推动双方经济合作进程，可以经济合作组织的《优惠关税协定》为基础，尝试对中国—经济合作组织优惠关税协议进行可行性研究，推动双方在关税减让等方面达成"早期收获"。从目前中国与该组织成员国的贸易水平来看，双边的贸易额并不大，还有相当大的提升空间，应寻求中国"向西看"与经济合作组织"向东看"的利益交汇点，推动更大范围的市场开放，并以优惠关税协议的签订，打开"一带一路"多边合作的新局面,同时形成中国与经济合作组织和东盟两个"1+10"多边合作机制,使之南北呼应,更大程度促进中国与周边地区多边合作的大格局,创造更好的周边贸易环境。

第二,为基础设施建设进行融资合作应该成为中国与经济合作组织焦点。2005年,伊朗、巴基斯坦和土耳其三国共同建立了经济合作组织贸易和发展银行(ECO Trade and Development Bank),于2008年正式运营,总部设在土耳其伊斯坦布尔,在巴基斯坦卡拉奇和伊朗德黑兰设有办事处。该银行旨在为各成员国的项目提供金融支持。阿塞拜疆、阿富汗和吉尔吉斯斯坦分别于2013年、2014年和2015年加入经济合作组织贸易和发展银行。经济合作组织的成员国大部分都已经成为亚洲基础设施投资银行的成员国,可以推动亚投行与经济合作组织贸易发展银行建立业务联系,发展良好的伙伴关系,相互学习和促进,共同为双方的基础设施和贸易发展提供资金支持。

第三,充分利用中国已经启动的中巴经济走廊的发散的经济效应。中巴经济走廊有助于促进区域的互联互通来提升经济合作的能力。这一建设项目不仅可以改变巴基斯坦的命运,而且能惠及经济合作组织成员。中巴经济走廊建设逐步推进,会成为区域经济与联通的榜样,并为本地区的经济一体化进程增加动力。

第四,《经济合作组织2025年愿景》是双方互联互通与产能合作的指引。随着中国与该组织成员国基础设施合作的推进,未来,中国还将在土耳其东西高铁项目、中伊铁路项目、中吉乌铁路项目、能源管道和水电站项目等多方面开展与各成员国的合作。中国凭借优势的资金、技术、经验和某些全产业链的优势,可以更多开展与该组织成员国的产能合作,推动该地区工业化水平提升。其中,伊朗作为该组织的大国,两国可以探讨推进产业合作园区的建设,共建中伊产业合作园区有利于为企业提供综合服务,吸引汇聚各方资源形成产业上下游的配套与协同,产生集聚效应和辐射带动作用。另外,可以设立中国—经济合作组织产能合作论坛,加强政策沟通和规划对接。

第五,经济合作组织中的伊朗与中亚许多国家盛产能源,中国应该与该组织建立"一带一路"沿线能源经济合作圈,建立稳定和可持续的能源战略合作关系:构建"一带一路"能源共同储备机制,加强双边能源安全合作,深入推进"一带一路"能源技术合作进程,构建"一带一路"能源治理的新机制。

第六,推动咨询服务走出去。经济合作组织成员国的经济发展水平还不高,需要发展规划作为实现工业化和现代化的指引,也对大国的咨询服务有更多的需求。国家发展改革委规划司司长徐林曾经谈道:"我在过去一段时间接触过很多发展中国家官员,他们对我们提出的要求是什么?就是让我们帮它编规划。"《中华人民共和国国民经济和社会发展第十三个五年规划纲要》也提出,要"为发展中国家提供更多发展规划等方面的咨询"。为此,中国政府于2017年3月批准国务院发展研究中心设立中国国际发展知识中心,旨在统筹协调国内外发展研究资源,开展发展理论和发展实践研究,组织交流各国实现联合国2030年可持续发展目标等国际发展问题的研究成果。

2017年8月,国际知识中心正式启动运营。因而,发展规划等咨询服务正在成为"走出去"的另一项重要内容,并且凭借着中国良好的设计资质和优秀的规划设计人员,已经在一些发展中国家落地生根,使发展中国家在交通、能源、通信等方面有了明确的目标图景和切实的发展路径。经济发展,规划先行。中国应加强同该地区的发展规划合作,为有所需求的发展中国家提供发展规划咨询和设计服务,助益他国的国家发展和现代化建设。

(撰稿人:吴泽林、刘鸣　上海社会科学院国际问题研究所助理研究员、研究员)

第十章 "海上丝绸之路"与东南亚国家联盟（ASEAN）对接合作

一、中国与东盟合作概况

在"一带一路"倡议中，"海上丝绸之路"建设对于保障中国海上通道安全、促进太平洋和印度洋各沿岸国家的贸易通道的联通、推进地区一体化、建设命运共同体等目标具有不可或缺的重要作用。"海上丝绸之路"倡议所涉地区国家众多、各国国情差异巨大，我们长期以来的合作模式是通过双边协商、建立合作机制、探寻双方各自优势的方式进行的，不过从可持续发展、提高效益、增进相关国家间的信任、规划共同发展的计划、打造共同规则与技术标准、消除国家间的政策障碍角度来看，建立多边合作平台与机制具有十分重要的意义。这决定了"海上丝绸之路"在推进过程中需要探寻构建或对接现存地区机构的必要性。由于包括区域组织在内的国际组织在当今地区事务中发挥着越来越大的影响,一定程度上讲,能否与相关国际组织、区域组织建立有效的良性互动机制将攸关"海上丝绸之路"倡议能否顺利推进。

对于中方提出的经济合作蓝图,东南亚国家联盟(简称"东盟",Association of Southeast Asian Nations,ASEAN)自始至终高度关注,并积极参与。双方之间的合作早在"海上丝绸之路"倡议提出之前就已取得重大进展,经贸方面的成果尤其丰硕。"海上丝绸之路"倡议提出后,双方合作在广度、深度方面均产生了质的飞跃。就广度方面讲,合作重点由以经贸合作为主向经贸、投资、金融、农业、交通、资源开发、旅游、人文交流等方面全面铺开。就深度来讲,双方之间经济合作也出现可喜苗头,沿线国家间的产业开始加速转移、产业集群逐步形成、生产价值链不断延伸,双方合作正逐渐被推到一个新的高度。当然,"海上丝绸之路"倡议的持续推进终究无法避免双方在领土主权等问题上的分歧,为此,双方需要审时度势,强化经济、政治、安全等方面合作,以消弭矛盾,促进命运共同体目标的早日实现。

二、合作现状

(一)中国与东盟之间的双边性合作机制迈上新台阶

2013年9—10月间,中国提出升级中国—东盟自由贸易区,向

"钻石十年"迈进的倡议。随后,双方开始共建"21世纪海上丝绸之路"。按照"共商、共建、共享"原则,中国在政策协商、基础设施建设、投资贸易、金融合作、社会交流等方面与东盟国家推进了一系列合作项目。2013年9月,李克强总理提出双方可以在贸易、投资、农产品等方面进一步合作,并希望以泛亚铁路为旗舰项目推动在公路、铁路、水运、航空、电信、能源等领域的合作。另外,倡议建立"中国—东盟海洋伙伴关系"。在政策协商方面,2013年10月,中方提出了指导未来关系发展的"2+7"合作框架,得到了东盟国家的普遍赞同,奠定了双边关系向宽领域、深层次、高水平方向发展的基础。

2014年8月,双方启动了双边自贸区升级版的谈判。11月,李克强在第17次中国—东盟领导人会议上提出,双方要协力规划中国—东盟关系发展大战略,尽快启动《中国—东盟面向和平与繁荣的战略伙伴关系联合宣言》第三份行动计划(2016—2020)。中方愿与东盟商讨签署《中国—东盟睦邻友好合作条约》。同时积极响应泰方建议,在10+1框架下探讨建立澜沧江—湄公河对话合作机制。中方准备与东盟国家推进建设跨境经济合作区和产业园区;举办海洋合作论坛,加强海上执法机构间对话合作,成立海洋合作中心;建立中国—东盟防务热线,开展联合演练。另外,加快落实《中国—东盟文化合作行动计划》,建议启动制定《中国—东盟环保合作战略(2016—2020)》。

双方还通过了《中国—东盟文化合作行动计划(2014—2018)》,确定了交流计划和目标。随后在教育培训、青年干部交流、疾病防治、思想库网络建设等方面取得了显著进展。2015年11月,李克强在第18次中国—东盟领导人会议上提出,中国愿与东盟国家建设更加紧密的中国—东盟命运共同体,进一步加强双边合作的机制化建设,尽快尽早结束区域全面经济伙伴关系协定谈判,推动"一带一路"倡议与区域国家发展战略对接,积极参与《东盟互联互通总体规划》,探讨制定"中国—东盟运输便利化协定",建立中国—东盟国家计算机应急响应组织合作机制,共同建设中国—东盟信息港。另外,探讨建立中国—东盟防务直通电话,倡议中国—东盟执法安全合作部长级对话实现机制化,适时设立中国—东盟执法学院,支持中国—东盟海洋学院建设。

2016年9月,李克强总理在第19次中国—东盟领导人会议上提出,中方致力于与东盟国家一道,按照《南海各方行为宣言》精神和"双轨"思路妥善处理南海问题。中国愿与东盟国家在商签"睦邻友好合作条约"基础上,构建政治安全合作的新平台。探讨制定中国—东盟交通合作战略规划和交通科技合作文件,发表《中国—东盟产能合作联合声明》,早日制定《关于深化中国—东盟面向共同发展的信息通信领域伙伴关系的行动计划(2017—2021)》。将人文交流合作打造成政治安全、经贸合作之后双方关系的第三根支柱,希望双方早日制定《中国—东盟教育合作行动计划》,探讨制定旅游合作计划。同时以澜湄合作机制为框架,与东盟国家确定了在五个领域的优先合作,并建立了45个早期收获项目。

2017年11月,在中国—东盟第20次领导人会议上,李克强又提出,双方应制定"中国—东盟战略伙伴关系2030年愿景",将

"2+7合作框架"升级为"3+X合作框架"。推进 RCEP 谈判,为建设东亚经济共同体奠定基础。倡议实施"中国—东盟人才发展计划",将 2018 年确定为"中国—东盟创新年",以科技创新引领双方全方位创新合作。

综上所述,中国与东盟在双边领导人协调方面取得了实质性政策进展。双方在公路、铁路、航空、水运、管网通道等方面的联通也取得了巨大进展,中国与中南半岛国家的立体国际大通道建设已初具雏形。在投资贸易方面,2015 年 11 月,双方签订了《中华人民共和国与东南亚国家联盟关于修订〈中国—东盟全面经济合作框架协议〉及项下部分协议的议定书》。2016 年 7 月,双边自贸区升级版议定书正式生效,议定书涵盖了货物贸易、服务贸易、投资、经济技术合作等领域,为双方经济合作提供了新的发展动力,有利于推动亚太地区实现更高水平的贸易投资自由化和便利化目标。在金融合作方面,中国与东盟国家签署本币互换协议,总规模达到了 6 500 多亿元人民币,提高了双边金融市场的稳定性。

总之,"海上丝绸之路"倡议提出后,将进一步有利于中国与东盟之间的机制化合作进入发展的快车道,以真正实现在物理联通、制度联通及人与人之间的"互联互通"。

(二) 次区域合作机制取得重大进展

首先,打造次区域国家经济合作新高地。李克强总理在 2014 年 12 月提出要"打造中国与次区域国家经济合作升级版",重点是中国与东盟国家的次区域合作机制,主要由三个组成部分。一是大湄公河次区域(GMS)合作。从其内容来看,"GMS升级版更强调基础设施的互联互通,着重提高贸易投资自由化和便利化水平,开启和深化敏感领域合作,致力于建立政治、经济、安全等多领域、全方位、立体合作新格局。"鉴于既有的GMS机制存在发展动力不足、政经脱节及公共产品供给失衡等问题,打造升级版的做法无疑将为这一旧机制注入新活力。二是充分利用泛北部湾经济合作机制作为成熟平台的优势,推出重点合作领域,以引领"海上丝绸之路"倡议的落实。2014年1月,中国—东盟泛北部湾经济合作高官会通过了《泛北部湾经济合作路线图(战略框架)》,确定了优先发展港口物流和金融两大领域的思路,成为"海上丝绸之路"建设的先行项目。三是加快推进作为六大经济走廊之一的中国—中南半岛国际经济走廊建设。这表现在将原来局限在南宁—新加坡层面的合作提升到中国—中南半岛层面。至此,一个以中国—新加坡经济走廊为中轴线、以泛北部湾经济合作区和大湄公河次区域合作机制分列两边的升级版M型区域合作战略正式成型。

其次,顺应澜湄流域区域合作机制逐渐多元化的发展趋向,成立澜沧江—湄公河次区域合作机制(简称"澜湄合作")。澜湄合作机制是中国于2014年首先提出的,得到了湄公河沿岸国家的积极响应,成为中国与东盟国家合作的又一个新平台。目前已有澜沧江—湄公河次区域经济合作、东盟—湄公河流域开发合作、湄公河委员会等合作机制。其中,中国一直积极参与和大力推进的"澜沧江—湄公河次区域经济合作",对促进次区域经济和社会发展起到了积极作用。

2015年11月,澜湄合作首次外长会发表了《澜湄合作概念文件》和《联合新闻公报》,宣布启动澜湄合作进程。各方就澜湄合作未来方向和机制架构等达成广泛共识,一致同意加强政治安全、经济和可持续发展、社会人文三大重点领域合作,现阶段的合作重点放在互联互通、产能、跨境经济、水资源、农业和减贫五个领域。2017年12月15日第三次外长会,核定了合作机制的制度和合作项目的落实。2018年1月,李克强总理在澜湄合作第二次领导人会议上指出,在"发展为先、平等协商、务实高效、开放包容"合作理念指引下,中国与湄公河五国间的合作进入了"高铁时代"。双方在合作机制平台、重大发展项目、人文交流等方面取得的成就有目共睹。

经贸领域,中国与湄公河五国双边贸易快速增长。2016年,中国与五国贸易总额达1 934.7亿美元,占中国进出口总额的5.3%。2017年,这一数字迅速突破2 000亿美元大关,达到2 200亿美元。中国对五国投资也超过了420亿美元,投资额增长了20%以上。政治领域,六国保持着从国家领导人到各级官员的密切互访和沟通。六国在联合打击跨国犯罪问题上进行深度合作。农业领域,六国已采取有效措施推进农业技术交流与农业能力建设合作,建立农业技术促进中心,建设优质高产农作物推广站(基地),加强渔业、畜牧业和粮食安全合作,提高农业发展水平。双方同意设立澜湄农业合作中心,打造农业技术交流、联合研究及投资贸易合作平台。六国还成立了澜湄水资源合作中心、环境合作中心和全球湄公河研究中心和合作减贫联合工作组,各国将合作推动落实"东亚减贫合作倡议",在湄公河国家开展减贫合作示范项目。人文领域,2017年人员往来达到3 000万人次。中国和湄公河五国互派留学生总数超过6万人,各类中国电视节目深受湄公河国家民众的喜爱。澜湄流域国家职业教育结成联盟,将建立澜湄国际职业学院。

再次,海洋安全形势出现缓和态势,双方加强了海洋安全合作关系。一方面,通过达成海洋合作伙伴关系共识,强调在互联互通、科研环保、执法安全及海洋经济等领域展开合作,通过涉海部门的联系来推进海上务实合作。同时成立中国—东盟海上合作基金,围绕渔业基地建设、海洋生态环保、海产品生产交易、航行安全与搜救及海上运输便利化等方面推进一批合作项目,鼓励越南、菲律宾、马来西亚、文莱等国家积极参与中国的海上合作计划。另一方面,确保中国与东盟一些国家在南海岛礁上的争议不影响双边国家关系,不扩大中国与东盟之间的战略分歧。紧紧抓住南海问题在仲裁案后显著降温的有利形势,推动与东盟国家就早日达成南海行为准则进行协商谈判,将原本对"海上丝绸之路"建设形成严重挑战的南海争端纳入到高一层的政治协商轨道,从而大大缓和南海地区紧张的安全形势。

最后,东盟经济共同体的成立打开了中国与东盟进一步合作的空间。2015年12月,东盟十国宣布成立东盟共同体,其包括三大支柱:东盟经济体、东盟政治安全共同体、东盟社会文化共同体。东盟共同体的发展将为中国提供更广阔的市场、更便利的贸易条件和更优质的投资环境。这为落实"海上丝绸之路"倡议提供了有利条件。

三、存在问题与挑战

随着各项政策的逐步落实和具体规划的实施,中国—东盟关系在推进中也暴露出了很多问题,这既不利于双边关系的未来深化,也妨碍了"海上丝绸之路"倡议的进一步实现。具体而言,这些问题表现在以下几个方面。

(一)既有合作机制的升级

如上所述,面对既存的合作机制,中方提出了升级问题,确切地讲是试图通过将新的合作项目注入到已有的机制之中,来推动机制的升级换代。这种思路在理论上具有创造性,但在现实中还需结合个案灵活操作。如在升级中国—东盟自由贸易区方面,双方仅用了两年时间就完成了合作机制的升级。然而在大湄公河次区域合作机制(GMS)上,进展未达到预期目标。一个重要原因就在于 GMS 机制由日本一手倡议成立并操持至今,其在规则制定、实施及话语权方面具有主导地位,中国虽拥有绝对优势资金、技术和管理经验,但却未能充分发挥大国作用。实际上,GMS 机制已经成为日本贯彻其战略意图的一个有效工具,其合作议程和项目背后包含着众多的政治、经济和安全考虑。因此,面对中国希望注入新项目来改造和提升合作机制的呼声,日本不愿进行根本性调整。针对这种升级转型的困难,中国在确定升级转型的策略后,还需积极探索行之有效的针对性操作手法，激励有关国家以积极姿态推动 GMS 机制的升级换代。同样的情形也适用于应对湄公河委员会这一美国等西方国家主导的合作机制。

（二）如何将中国的发展规划与周边国家的具体实际相结合

"海上丝绸之路"倡议是个宏大的战略构想，它以复兴历史上的海上丝绸之路作为实现现代版合作的文化背景，但在中国崛起并推行大周边外交、以"亲、诚、惠、容"理念来塑造亚洲命运共同体的新背景下，这一倡议需实施的内容、广度、深度与目标将远超古海上丝绸之路这种仅仅为一个民间贸易通道的范畴。也正因为如此，"海上丝绸之路"倡议的扎实推进需要精细的个案设计和策略应对。从实际情况来看，中国已经取得了一定的进展，包括在对象国内成立工业园区、共同开发海洋资源等。随着东盟共同体的成立，如何实现推进"海上丝绸之路"倡议与建设东盟统一大市场相结合，成为双方面临的新课题。

在实际推进过程中遇到的各种问题主要表现为：首先，当地一些民间团体与政党，出于对中国参与建设的形式、时间长度、涉及的国家利益的不理解与传统地缘政治上的忧虑，对一些重要的合作项目进行指责或消极应对。其次，在中国提出具有较强经济吸引力的合作计划和项目后，东南亚等国表示欢迎，但双方对融资的条件、配套的前期工作、与当地法规的对接方面均存在理念与工作流程上的差异。从这个角度观察，各种合作项目的推出与实施还需要精心打造,接当地地气,入乡随俗,因地制宜,特别需要考虑国情的差异,不能凭传统的海外承接项目的经验、模式、管理流程而单一意志化地推进。最后,多数东南亚国家的国体都已进入转型期,政党轮换、党派利益纷争、当选政治家的战略与意识形态偏好、国外非政府组织与政府的介入,都将给各种项目合作带来诸多不确定因素。

(三) 域外国家的介入

从发出倡议至今,中国与东盟国家之间的合作虽然总体比较顺畅,但透过其中的一些波折还是能看出合作背后的不和谐暗流。导致这种局面的一个重要原因是大国在此区域的战略博弈,其中尤以日本、美国、印度、澳大利亚为甚。众所周知,第二次世界大战后对东南亚的苦心经营使得日本将东南亚视为自家的后花园。中国与东盟国家进行互联互通被认为危及了日本的战略利益。因此,日本采取了各种方式进行牵制,企图在中国与东盟国家的互联互通建设进程中打入楔子,增加日本的利益筹码。与日本不同的是,美国往往是在战略上、外交上进行工作干预,不断强化与东盟国家的军事合作,炒作南海问题,夸大中国投资的风险性。这些行动在一定程度上干扰了中国与东盟在机制和发展规划上的对接。

四、深化中国—东盟合作关系战略思路

面对问题和挑战,要推进"海上丝绸之路"倡议的进一步落实,中

国需要采取有效的应对之策。具体而言,可以从以下几个方面着手。

(一)以双边合作和小多边合作来推动次区域机制升级

如前所述,亚洲开发银行(亚行)主导的 GMS 机制已难以适应新形势的发展要求,而作为亚行掌控者的日本又很难放弃对这一机制的把控。GMS 机制虽然也参与了部分互联互通项目,但日本在本区域的投入更多的是着眼于与中国的"南北经济走廊""东西经济走廊"规划相抗衡。破解这个难题的一个办法是加强与湄公河流域单个国家或少数几个国家的合作,通过有效的双边合作或小多边合作来解决问题。为此,中国需要加强诸如湄公河学院、中老缅泰"黄金四角"地区经济开发合作等能够发挥中方主导作用的机制,可以将互联互通合作项目先行注入这些机制中,实现 GMS 功能的逐步转移,构建其与"海上丝绸之路"共存共赢的结构。与此同时,对于日本在 GMS 机制中的影响我们也需要正视,中国也应该引导日本与中国在一些领域进行政策协调。2014 年 12 月 2 日在北京重启湄公河政策对话,探讨对柬埔寨等湄公河流域国家的支援问题,这种对话应该持续并扩大范围。从 2017 年下半年开始,日本安倍首相等高官相继作出向"一带一路"提供合作的积极表态,对此,我们既要听其言、观其行,也要探索提出一些在湄公河流域合作的建议。

(二)做好微观策划,将政策重心下移

"海上丝绸之路"倡议的宏大构想需要精细的微观设计,这就

要求今后的政策重心逐渐下移。从近四年的进展看，中国提出了很多新举措，这在基础设施建设、经贸合作、推广工业园区模式、加强人员交流方面表现得非常明显，但就其成效来看，却并没有有效打消东盟国家对中国的深层忧虑。导致这种反差的原因之一是中国的许多举措做得不到位，二是中国并没有结合对象国家的"心声"、发展计划来推进合作计划。因此，今后在推进合作规划过程中，中国需要加强与东盟国家的交流，尤其是社会层面的交流。

（三）扎好安全合作篱笆

在以经济合作成果吸引东盟国家时，需要警惕美日等国的挖墙脚行为。"海上丝绸之路"倡议重在推进经济合作，但鉴于东南亚安全形势的不稳定性，中国也要循序渐进加强与东盟国家的安全合作，只有以经济、安全"两条腿"走路，才能走得稳、走得远。当前除了以南海行为准则谈判为契机推进与东盟的安全合作以外，有必要下大力气强化与单个东盟国家的安全合作。对于重点对象国家，如菲律宾、泰国、马来西亚等，一定要巩固他们与中国合作的势头，在扩大经济合作范围的同时，要着眼于长远的安全合作，增强安全合作的"黏性"，从而扎牢安全合作的篱笆，遏制美日等国通过东盟国家挖中国墙脚的行为。

（四）成立新的合作平台，形成综合性机制网络

从数量上看，东南亚地区似乎已经拥有足够的合作机制，但实际上随着形势的发展变化，总会产生新问题，这就要求成立新的合

作机制。对此,中国一定要有清醒的认识。今后一定要紧跟地区形势变化,抢占与东盟国家合作的制高点,及时因应时势之需成立各种新平台,增强中国在议程设置、规则制定和规则执行方面的主导能力,形成综合性的机制网络。这样,在慢慢锤炼自身国际规则主导能力的同时,也增强了对地区形势演化的影响能力。

(撰稿人:崔荣伟、刘鸣 上海社会科学院国际问题研究所助理研究员、研究员)

第十一章 "丝绸之路经济带"与南亚区域合作联盟(SAARC)对接合作

南亚作为"海上丝绸之路"倡议实施的中间节点,其对倡议能否最终成功实现的影响是显而易见的。中国与南亚区域合作联盟(简称"南盟",South Asian Association for regional cooperation, SAARC)的关系主要表现在国家间的双边合作上。从提出至今,"海上丝绸之路"倡议在南亚地区的实施情况可谓是"冰火两重天":中巴经济走廊飞速推进,中尼印经济走廊毫无进展,孟中印缅经济走廊步履蹒跚。中斯、中马关系取得一定进展。总体来看,"海上丝绸之路"在南亚地区推进的最大障碍就是,印度力图维持其在南亚次大陆和印度洋地区一家独大地位的利益。为此,印度不惜利用其在南盟中的主导地位,对中国提出的合作要求采取各种形式的抵制姿态,致使中国与南盟之间的合作一直难以提到一个更高的层次上。对此,中国需要在改善对印关系,加强中印合作的同时,也要在中印关系难以有根本性进展的情况下,就如何推进"海上丝绸之路"倡议备有前瞻性发展思路和方案。

一、合作现状

(一)中国与南盟国家间的双边合作关系

就现实形势发展来看,"海上丝绸之路"倡议在南亚地区的推进主要体现在两条经济走廊——中巴经济走廊和孟中印缅经济走廊的建设上,另外还有与两个岛国——斯里兰卡和马尔代夫的合作上。中巴经济走廊快速推进的原因主要与中巴是全天候战略合作伙伴关系有关。从2013年5月中方提出建设中巴经济走廊之后,两国在成立联合工作组、联合合作委员会及达成早期收获项目等方面迅速达成了广泛共识。这为后来习近平主席在访问巴基斯坦期间将该经济走廊提升为"一带一路"的旗舰工程奠定了坚实基础。随着中巴将双边关系升格为全天候战略合作伙伴关系,中巴经济走廊的未来发展拥有了可靠的政治保障。

与之相比,孟中印缅经济走廊的发展历程就显得有点磕磕碰碰。2013年5月,中印发表了联合声明,倡议建设孟中印缅经济走廊。孟中印缅经济走廊是以交通为轴线,以(中国)昆明、(缅甸)曼德勒、(孟加拉国)达卡、(印度)加尔各答等主要城市为节点,向周边地区进行扩散和辐射,以促进孟中印缅地区经济发展的国际区域经济带。孟中印缅经济走廊辐射作用将带动南亚、东南亚、东亚三大经济板块联合发展。该倡议得到了孟、缅两国的积极响应，随后四国分别在中、孟进行了两次联合工作组会议。原计划2015年下半年在印度加尔各答召开联合工作组第三次会议，通过四国联合研究报告，并就建立四国政府间合作机制进行磋商。但直到2017年4月25日，第三次工作组会议才在加尔各答召开。四国各自提交了一份本国政府关于孟中印缅经济走廊的建设目标、方式及其原则、执行机制等方面的报告，并达成一致，第四次工作组会议将于2018年在缅甸举行，届时将完成关于孟中印缅经济走廊的最终研究报告。中方本希望在加尔各答会议上就完成最终报告，并根据上次会议达成的协议草拟了"建立孟中印缅经济走廊四国政府间合作机制的建议"，但该草案未获讨论。实际上，这次会议并未取得实质进展。

随着印度对中国战略猜忌不断加深与对中巴经济走廊包括巴属克什米尔的不满，"印度坚持要将孟中印缅经济走廊视作独立的合作倡议，而不是隶属于'一带一路'框架，强调这一倡议是四国成员共同拥有所有权，而不应该是属于中国'一带一路'倡议的部分。"同时，印度还与日本合作，提出共同推进"亚洲经济走廊"建设，这使南亚面临多个经济走廊并存、合作机制相互重叠的发展境况，各国对参与经济走廊建设上面临选择和侧重。同样也是来自印度的原因，中尼印经济走廊截至目前陷入了只停留在口头宣示，而没有实际启动的境况。与陆上国家相比，中国与南亚两个岛国的合作相对进行得较为顺利：与斯里兰卡的合作虽经历了其国内政局在 2015 年变换风波的考验，但随后还是逐渐走上了正轨。中国与马尔代夫的合作进展更为顺利，在基础设施方面的合作成果尤其显著。双方最近的合作成果是 2017 年 11 月 29 日马尔代夫批准了中马自由贸易协定。

（二）印度以抗衡性政策应对"海上丝绸之路"倡议

面对中国提出的"一带一路"倡议，印度国内虽有积极评价，但也不乏带有谨慎、消极、忧虑甚至敌意色彩的看法。印度的态度从积极呼应逐渐转向消极猜忌，最后发展到采取抗衡性政策来企图抵消中国的影响。这种态度的转变来自印度对南亚次大陆地区和印度洋地区抱有"门罗主义"思维，认为中国推行"一带一路"倡议等于闯入了印度的"后院"，侵犯了印度的战略利益。因此，印度虽然加入了亚洲基础设施投资银行，但也提出了本国版本的经济合作计划。无论是其颁布的"季风计划""香料之路"设想，还是环孟加拉湾多领域经济技术合作倡议、孟不印尼次区域合作，以及其对斯里兰卡、缅甸等国提出的双边经济合作项目，均是在"规避中国'一带一路'倡议对印度的潜在影响，绕开中国倡议并推进以印度为主体的次区域与跨区域合作进程，成为印度实施对外战略的重要载体。"这方面最明显的例证是瓜达尔港问题。面对中巴经济走廊的快速推进，尤其是中国对瓜达尔港的深度运营，印度与日本计划要联手开发伊朗港口恰巴哈尔港，以打通印度通向中亚国家的运输通道，削弱中巴经济走廊与瓜达尔港开通后对中亚和南亚地区贸易、战略物资运输带来的联动效应。

(三) 中国与南盟之间的机制化合作程度低

由于印度多次否决了中国加入"南亚区域合作联盟"的申请,所以中国只能作为观察员国列席会议。这导致中国与南盟之间的联系只能局限于人力资源培训、扶贫救灾、经贸、人文交流等领域,而难以进入中国拥有优势的基础设施建设、工业园区建设、金融等领域,而这对推进"海上丝绸之路"倡议是必不可少的。

二、存在的问题与挑战

中国与南盟国家之间的合作问题主要体现在以下几个方面。

(一) 印度对中国倡议采取选择性合作

在南亚的地理版图中,印度占据着得天独厚的位置优势,并且在国家综合实力方面也是一家独大。因此,印度的所作所为对"一带一路"倡议在南亚的推进发挥着难以忽略的影响。而中国为了推动印度支持"一带一路"倡议做出了巨大努力,这既包括先后支持印度加入亚洲基础设施投资银行、上海合作组织,也包括国家领导人亲自赴南亚地区进行访问,做增信释疑工作。同时,又在金砖领导人会议、中俄印外长三边会议期间,积极与印度沟通,促使其打消对中国的战略猜疑,务实地推进孟中印缅经济走廊、中国对印度的投资等合作。但印度对中国在孟加拉国、巴基斯坦和斯里兰卡建设港口,推进改建工程,仍然存有疑虑。其在对华政策中仍然采取了选择性合作姿态：对那些满足本国利益要求的倡议,印度积极加入;而对那些可能会影响本国地区控制力的倡议,就采取推诿、拖延、消极干预的方式,并逼迫其他小国站在印度一边。总体上,印度试图配合美国、日本来制衡中国的"一带一路"倡议。

（二）中国与南盟国家之间经贸不平衡

"一带一路"倡议下的经济合作显然不是旨在维持既有的经济合作模式,在中国实力大幅跃升、内外统筹发展的背景下,倡议的推行必将产生外部冲击。在南亚地区,其表现之一就是中国与地区国家间日益增加的贸易不平衡问题。在中印关系中,"2016财年,印度对中国贸易逆差从前一财年的484亿美元增长到526亿美元。双边贸易额从723亿美元下降到707亿美元。"对印度来讲,在一增一降之间,对华贸易逆差的增长速度可谓相当惊人。从贸易结构来看,中印之间互补性较强,印度出口中国的主要产品是棉花纺织品、塑料等轻工业产品和天然珍珠、矿石、原料皮等原材料性初级产品。从中国进口电信设备、电脑硬件、电子元件及化学医药原料等。但是,由于两国的生产能力差距实在过于巨大,印度频频发起针对中国的贸易调查,其数量在2017年上半年达到12起,占全球15个国家和地区共发起针对中国的37起贸易调查的近1/3。在中斯关系中,2016年,两国双边贸易总额为45.6亿美元,但斯里兰卡对华出口仅为2.7亿美元,从中国进口42.9亿美元,贸易逆差达到了40.2亿美元,这一数字占双边贸易总额的比例接近90%。同样的情形也发生在中巴关系中,中国已成为巴基斯坦外贸逆差最大的国家。

可以看出,中国与南盟国家之间经济合作的不平衡现象相当突出。这种经贸合作上的极度不平衡难以促进双方间的持续经济合作,不仅极易招致对方的频频抱怨、刁难甚至是恶意攻击,而且不利于"一带一路"倡议的顺利推进。因此,调整合作策略,将落实"一带一路"倡议与促进合作国家的产业升级换代相结合,增强对象国家的经济能力,将是推动倡议实施过程中无法回避的重要问题。

(三) 域外国家介入问题

如同在东南亚地区一样,"海上丝绸之路"倡议也遭到了来自域外国家的挑战,其中最明显的就是日本。从其表现来看,日本主要采取了几个方面动作:首先,发起针对中国公司在海外项目的"阻击战",围绕印度高铁建设一事上的竞争是一个典型例子。2015年,安倍亲自到印度推销日本新干线铁路,从而将已经率先拿下印度高铁项目可行性研究竞标的中国公司排挤出局。其次,在2016年宣布与印度联手,推动实施从亚太延伸到非洲的"自由走廊"计划,平衡中国"一带一路"倡议的影响。最后,处心积虑推动成立由日、美、印、澳四国组成的所谓"亚洲版北约",妄图从印太两洋封堵中国。随着美国学界论证印度洋对美国海权重要性的出台,特朗普在2017年的亚洲之行中也抛出了所谓的"印太"概念,美国国务卿蒂勒森也多次强调印度在美国战略中的重要地位,蓄意挑动亚太国家反对中国的"一带一路"倡议。在这种背景下,加大对印度洋地区的关注力度和资源投入肯定会成为美国下一步的必然趋向。这不可避免会对"海上丝绸之路"倡议的推进造成新的不利冲击。

三、深化中国—南盟合作关系战略思路

(一)孟中印缅走廊建设应成为对接与合作的重点

目前,孟中印缅地区合作论坛已举行了 12 次会议。论坛发表的联合声明表示孟中印缅地区合作论坛应继续作为一个多轨平台发挥作用。中国应该在这个共识基础上,争取把其纳入到中国—南盟对话框架中。论坛的声明也承认保护环境可持续性需要共同框架;强调促进贸易和交通便利化改革的需要;同意考虑开发和利用水道;鼓励成员国商务和工业(产业)部门主管开展更多交流;决定考虑孟中印缅旅游圈的概念;同意考虑建立一个联合媒体报道计划,以提升本地区的全球知名度。

中国宜提出中国—南盟分步走的路线图,重点在对互联互通、机制、法律、金融和安全五个方面的障碍进行协商;同步在功能上寻找多边合作机遇:加强服务、货物贸易、商贸、投资、能源、水资源共享、旅游文化等方面的政策协调,率先打造一批标志性早期收获项目;优先创造条件签署运输便利化协定;降低各国投资门槛、

投资限制问题。

（二）从基层、基础工作做起

由于印度难以化解对中国的心结,因此短期来看,中国很难成为南盟的正式成员国。这就决定了中国只能作为观察员国与该联盟进行机制性合作。由此导致无法将"海上丝绸之路"倡议的诸多项目注入到该联盟的合作议程之中。尽管如此,中国仍有必要精心布局,通过各种针对性措施来抵消当前局面的不利影响,最终实现在南亚地区的破局。

首先,在南盟能够接受的范围,印度不反对的领域,努力扎实地开展合作工作。人力资源培训、扶贫救灾这两个领域与"海上丝绸之路"没有实质性关系,然而,做得好、有重点地开展支援性合作,也能够建构各阶层的人脉关系,培植今后可依赖、易沟通的一支知华、亲华的队伍。其次,随着当地舆论、民间团体、政党对中国参与南盟的基础性公共工作的积极评价,有助于我们尽快加入南盟。只有做好深耕工作,有足够的耐心与真诚,中国与南盟的合作力度才能够取得进展。

（三）有针对性地开展对印度的工作

鉴于印度是推进孟中印缅走廊的关键,所以要凝心聚力。印度和平冲突研究所前主任、印度退休少将班内吉表示,走廊建设发展缓慢,有几个原因:一是印度依然对此有所保留;二是 BCIM 要想成功应该有贸易谈判,但这并没有发生;三是中印之间的边界问题依然被视为影响 BCIM 发展的障碍;四是印度认为中国竞争力很强,其制造能力将会主导贸易,这将会使印度从中获益很少;五是孟加拉国的联通性非常差,该国不太愿意允许其他国家从事越境运输;六是缅甸克钦族叛乱分子仍然可能会对史迪威公路制造麻烦;七是用于建设基础设施的资金将会成为问题。

从这个角度看,今后重点工作应该沿着先易后难的路径展开:其一,逐步缩小中印贸易不平衡状态,通过投资与贸易增加印度的贸易竞争力。其二,促进孟加拉国更积极推动跨境交通运输的开放。从其国内情况看,这方面应该是比较乐观的。在铁路交通领域,孟政府已确定实施 149 项工程,对该国铁路系统进行扩建升级,还计划在机场建设、内河运输方面增加投入,对主要的机场进行升级改造,以增加旅客和货物的吞吐能力。其三,亚洲基础设施投资银行、丝路基金在资金方面可以提供一些帮助。

此外,两国也需要针对历史和现实问题保持经常性联络和对话,通过两国高层促进双边关系。除政府层面外,对工商界、政党、媒体界的沟通同样重要,有必要加强与印度国内社会层面的交流,增进双方之间的相互理解,减轻深化双边合作的阻力。

(四) 推进"海上丝绸之路"倡议需与具体国家情况相结合

面对失衡的双边贸易现状,中国需在以基础设施建设为主要合作内容的前提下,做到"一国一策",通过具有较强针对性的发展措施,真正使这些国家享受到与中国合作的益处。例如,对于巴基斯坦，要充分发挥中巴自由贸易区的示范效应，通过中方投资促进巴基斯坦在国际市场有比较优势的产业部门，如纺织业、水果加工业的升级，为当地增加就业机会，提高人民的收入水平。还可以发挥中国在农业领域的优势，通过投资、技术培训等方式来提高巴基斯坦国内农业的发展水平，改善其一直存在的粮食短缺问题。另外，鉴于中巴经济走廊作为"一带一路"倡议旗舰项目的重要地位，可以考虑将中国国内的优质产能转移到巴基斯坦，达到在巴国内创造新产业的目的。对于印度，尽管其比较抗拒"一带一路"倡议，但可以通过加强公司层面的合作，例如，将中国公司在电子元件制造方面的优势和印度公司在电子软件开发领域的优势相结合，以避开印度频频对华展开的贸易调查。这样做还可以使印度公司的利益与中国发展密切相连，使其有动力去主动维护中印合作。对于斯里兰卡，可以顺应其重点发展港口经济的要求，加强与中国国内港口之间的合作。针对其以种植园经济为主和钇矿丰富的实际，中国可以以优惠政策推动国内的农业企业和矿产品加工企业到斯里兰卡寻找发展机遇。

（五）遏制域外国家的干扰势头

对于日本处心积虑从经济、安全等方面与印度勾连，来损害中国利益的行为，要以有力行动回应。例如，在公司进行项目竞争时，除了做好充分的前期准备外，也要重视舆论力量，避免被动应付日本散布的各种谣言，通过在印度的相关渠道，发出自己的声音。在国家层面，面对日本积极撺掇印度、美国、澳大利亚三国封堵中国的企图,中国要统筹大周边外交,充分发挥"五海联动"的优势,牵制日本蓄意制造事端的能力,减轻"一带一路"倡议受到的压力。

(撰稿人:崔荣伟、刘鸣　上海社会科学院国际问题研究所助理研究员、研究员)

第十二章 "丝绸之路经济带"与海湾阿拉伯国家合作委员会(GCC)对接合作

"海上丝绸之路"从印度洋,进入阿拉伯海的波斯湾海域,主要面对的地区组织就是海湾阿拉伯国家合作委员会(简称"海合会",Gulf Cooperation Council,GCC),但西亚在地理和政治上又与北非等中东阿拉伯国家紧密相连,而中东阿拉伯国家的地区组织主要是阿拉伯国家联盟(简称"阿盟",League of Arab States)。2005年1月,阿盟如期启动了大阿拉伯自由贸易区,在制度上实现了阿拉伯国家之间的零关税贸易。与此同时,海合会在2003年1月1日正式实施共同关税,并在2005年建立货币同盟。2016年12月7日,海合会第37届峰会宣言表示将进一步加强经济一体化建设,建立综合性海湾信用便利化交流机制,以分享资信信息,建立海合会统一支付体系,授权海湾中央银行通过成立独立公司的方式拥有、经营并对该体系进行融资等。

以阿盟和海合会的机制建设为标志,中东经济一体化取得了一定进展,但从经济合作的深度与地区影响仍然是非常有限的。造成中东地区主义滞后性的原因极其复杂,既有内生性的,也有外部结构性的原因。内生性原因包括缺乏支撑地区主义的经济基础以及中东地区特有的极其错综复杂的历史、宗教和民族矛盾等;外部结构性原因则主要是美国等西方国家主导的政治经济秩序等。

在"一带一路"倡议提出之前,中国就与海合会国家在油气资源方面存在密切的合作关系,同时,双方也展开了旨在提升经济合作水平的自贸区谈判。"一带一路"倡议提出后,中国与海合会国家的合作进入了加速发展的新阶段。主要表现为形成了"1+2+3"的合作格局,即在既有的油气资源合作基础上将合作领域拓展到基础设施建设和贸易投资便利化两个领域,并提出以核能、航天卫星、新能源三大高新领域为突破口的合作新格局。目前,在海合会7个国家中,已有3个与中国建立了战略合作关系,有5个成为亚洲基础设施投资银行的创始会员国,有3个同中国签署了共建"一带一路"合作文件。2016年,海合会时任秘书长扎耶尼说,要打造中海(合会)"特殊战略伙伴关系",中方也考虑把中海自贸区谈判打造为中国中东共建"一带一路"的早期收获项目。可以看出,海合会对中国的经济合作计划抱有强烈的兴趣,双方间的合作动力比较强劲。

一、合 作 现 状

(一) 能源合作是双边经济合作主要内容

自 2001 年加入世贸组织之后,中国经济开启了高速增长模式,与之伴随的是对石油、天然气为代表的能源的巨量需求。近十几年来,每年从海合会国家进口的原油约占当年中国海外进口原油总量的 1/3,海合会国家是中国最大的石油和液化天然气进口来源地。2015 年,中国同海合会国家进口原油总量达到 1.1 亿吨,占到中国同阿拉伯国家进口原油的近 75%。"2004—2014 年,中国原油进口额年均增速 21%,中国从海合会国家进口原油的年均增速为 22.99%。"

在货物贸易方面,中国是海合会第二大贸易伙伴,仅次于欧盟,同时海合会是中国第九大贸易伙伴。2015 年,中海贸易额达到 1 368 亿美元,占到中阿贸易总额的 70%。海湾是中国最重要的工程承包市场,截至 2015 年年底,双方签署承包劳务合同额达 1 028 亿美元,占中国工程承包合同总额的 6%。项目涉及铁路、港口、电力、路桥和通讯等诸多领域。双方非金融类相互投资额为 86 亿美元。在金融领域,有 8 家中国银行在海湾开设了分行,有 4 家海湾银行在中国设立了办事处。双方能源贸易的扩大延伸了产业链、提升了附加值的需求。在"一带一路"倡议提出后,海合会国家积极响应中国的倡议,双方在能源领域展开了深度合作。2014 年 4 月,中石油与阿联酋阿布扎比国家石油公司组建合资公司,对阿联酋指定的陆上和海上区块进行油田勘探。2015年1月,作为中石化首个海外炼化项目——中石化与沙特阿美石油公司合资兴建的沙特延布炼厂正式投入商业化运营,其生产设备和管理标准均达到世界先进水平。2016年1月,中石化又与阿美公司共同签署战略合作框架协议。"根据协议,双方将共同提高沙特阿美向中国石化供应原油的竞争力,并积极探索在油气服务、炼油、化工、原油供应、成品油销售、石油服务、石化服务、科技研发、新能源等其他领域世界范围内的合作。"中国与海合会国家在能源领域的合作走上了"石油贸易—石油开采—石油冶炼—技术开发"的产业升级路子。

另外,随着中国国内环境保护标准的不断提高,对清洁能源的需求也水涨船高。液化天然气在中国与海合会国家能源合作中的分量逐渐增加。此外,双方在太阳能设备市场存在强烈的合作需求,并且合作潜力巨大,前景广阔。

(二)中海自贸区谈判进入冲刺阶段

按照习近平在2014年6月提出的目标,中阿贸易额要从2013年的2 400亿美元,增至10年后的年均6 000亿美元,中国对阿非金融类投资存量要从前一年的100亿美元增至600亿美元以上。从这个目标看,双方需要在机制化合作上向前发展。2016年1月19日,在习近平主席对沙特访问后,中海双方宣布重启中止6年之久的中海自贸区谈判。作为中国—海合会经济合作中分量最重的项目——中国—海合会自贸区谈判自2004年7月启动至今已13年有余,2009年双方就结束货物贸易框架下97%左右商品的市场准入问题达成一致。2016年12月19—21日,双方第九轮谈判在沙特利雅得举行,双方就服务贸易、投资、电子商务以及货物贸易等遗留问题进行了深入交流。如果达成协议,这将是一个全面的、高水平的、互利共赢的自贸协定,涵盖货物贸易、服务贸易、投资领域和贸易便利化等。

但在双方谈判进入到非常关键的阶段,"卡塔尔断交"事件发生,对中国与海合会的合作影响极大,对中国在协调"海合会"内部成员共同立场方面构成重大阻力。由于海合会内部不和,作为我国第二大液化天然气进口来源的卡塔尔将缺席自贸谈判,中海自贸谈判不得不推迟。实际上,海合会从来都不是一个团结一致的地区组织,"断交"事件体现出其脆弱性,以及成员国彼此间的不信任。

如果在不久的将来,"断交"事件能够得以解决,沙特等国能够与卡塔尔达成谅解,中国与海合会达成自贸区协议的可能性将会很大。这个全面、高水平的自由贸易协定将成为引领中国与阿拉伯国家经济合作的范本。届时中国与海合会国家的经济合作将全面铺开,这会为"海上丝绸之路"倡议的落实提供有利的运营环境。

(三)"海上丝绸之路"倡议与海合会的经济发展规划对接顺利

众所周知,海合会国家长期以来一直依靠油气资源作为国家收入的主要来源,其经济结构较为单一、极易遭受外部市场波动的冲击。并且,近些年来,随着"阿拉伯之春"余波的不断震荡,经济上的波动往往会在这些国家激发潜在的社会不稳定因素,从而危及社会安定。因此,各国纷纷提出新的经济发展规划,推行经济多元化战略,增加非石油产业的比重,保持在基础设施等方面的项目支出,并保障在教育、医疗、保障性住房等关键公共事业领域的基本开支,以消除潜在的社会不稳定因素。这样,海合会国家的经济多元化战略客观上产生了对中国资本的大量需求。

从近期来看,双方在基础设施建设方面的合作卓有成效。在"走出去"战略的推动下,具有强大施工能力和丰富施工经验的中国公司纷纷到海合会国家抢滩登陆,在房建、路桥、港口、电站及电信等领域承建了大量的施工项目。到2016年,海合会已成为中国的全球第二大承包工程劳务市场和第二大工程建设市场。目前,双方正在深入探讨在重点领域,例如金融、能源、基础设施、产业园区、智慧城市等,建立常态化的合作机制,"在彼此分享发展经验的同时,结合双方基础和条件,将能源与货币合作结合起来,将金融合作与基础设施建设结合起来,将产能合作与共同开拓第三方市场结合起来。"因此,无论从现实中取得的成就还是从未来的发展设想来看,"海上丝绸之路"倡议正在与海合会国家的多元化经济战略进行有效的对接。

二、存在的问题与挑战

(一)海合会政治乱局对双边经济合作影响巨大

众所周知,中东地缘政治形势复杂多变,加上本地区又是伊斯兰极端主义的发源地,因此,形势发展变化往往会产生爆炸性的后果。一方面,本地区内部宗教派系林立,斗争激烈,国家间合纵连横分化速度极快,在无法做到和谐共处的情形下,形势动荡不安反而成为常态。作为次一级地区性合作机制,虽然仅有7个成员国,但国家间的恩怨却纠结不断。2017年沙特、巴林、阿联酋等海湾国家与卡塔尔断交,外界质疑曾经势大的海合会是否会面临瓦解的命运。在当前经济合作进行得如火如荼的时候,中国与海合会国家都需要高度警惕政治形势的动荡不安可能会对双方间的经济合作带来不利冲击。另一方面,中东地区历来是大国角逐之地,该地区即便内部暂时维持平静状态,但这往往会成为向下一场激烈博弈的过渡。美俄围绕叙利亚问题的激烈对攻已持续数年,而特朗普政府加大在中东地区反恐投入和承认耶路撒冷作为以色列新首都的举动,很可能会再次搅动地区局势,激起又一轮国家间的分化组合。

(二) 中国在海合会的经济合作缺乏针对性与多元性

随着"海上丝绸之路"倡议的推进,众多中国公司进入海合会国家,虽然中国公司所占市场份额逐渐增大,但也暴露出发展不平衡、产品市场针对性不足和缺乏品牌效应等弊端。所谓发展不平衡,是指尽管中国对海合会国家的出口贸易结构完成了从纺织服装、原料制成品、机械和运输设备以及杂项制品为主到以钢铁、工业机械、机器零部件、电信、仪器等为主的提升,但在食品零售、太阳能设备、LED照明系统等方面的短板现象却非常突出。例如,据美国咨询机构 Frost & Sullivan 估算,海合会国家在 2018 年的食品零售市场规模将达到 1 526 亿美元。其规模并不亚于中国公司正在参与的基础设施建设领域,但却鲜有中国公司深度涉足。

所谓产品市场针对性不足,是指当前中国公司在海合会国家市场的运营产品主要集中在低端和高端两个层面上,前者主要表现为中国公司在海合会国家市场的运营仍然沿袭着国内走成本优势竞争的老路子,导致出口货物单价低、利润薄,其后续经营往往难以为继。后者表现为双方积极推动就核能、航天等"高大上"项目上的合作。但就中等技术含量层面的贸易现状来讲,中国却始终未能在海合会国家市场打开销路。所谓缺乏品牌效应,是指有相当多的中国公司品牌意识不强,仍然热衷于做贴牌出口生意,加上商品标准没有与对象国家的要求有效对接,产品宣传推广力度不够,售后服务跟不上、不到位等问题,导致中国商品形象不佳,严重制约了对相关市场的拓展。

(三) 伊斯兰文化影响具有制约性

服务贸易是当前发展前景最为看好的领域之一,其中文化产业的潜力尤其巨大。但海合会国家皆属于伊斯兰国家,在文化上采取了强烈抵制外来文化渗透的政策。非伊斯兰国家在与海合会等伊斯兰及阿拉伯国家经贸合作时,这一文化、宗教背景及其法规要求必然会对投资者产生一定的学理影响。与此同时,其他不利的投资环境因素同样阻碍了这种合作的深度与广度,如市场经济机制不发达、贸易领域法律法规不健全、投资环境缺乏保障性等。

三、深化中国—海合会合作关系战略思路

针对中国—海合会经济合作过程中出现的问题，宜从以下几方面着手进行改善：

（一）正确研究与判断形势

需要定期对中东中长期的政治经济形势、各种内外力量关系进行全面客观地研究，特别要充分关注各种内在的历史遗留问题、宗教教派、地区领导权、恐怖主义集团活动衍生与互动所产生的多重复杂影响，抓住主要矛盾，及时掌握最新的发展动向、态势。然后按照各种预案，快速与灵活推出应对措施。目前从内部看，土耳其、伊朗与沙特、埃及在穆兄会问题上的对立会进一步扩大，关系恶化；从外部看，土耳其又与美国、欧盟的关系矛盾上升，土耳其与俄罗斯开始走近；美国进一步打压伊朗，加强与沙特的关系，在这种博弈中，俄罗斯、土耳其、伊朗正在形成一个新的联盟，美国、沙特成为对立的另一方。

（二）对海合会的内变要未雨绸缪

虽然卡塔尔外交危机不可能改变整个中东格局，也不会从根本上影响我们在中东其他地区的利益，但是，危机可能使海合会较长时间无法正常开展合作，阿拉伯版的北约计划也无法付诸实施。

另外,2017 年 12 月 5 日,阿联酋宣布与沙特阿拉伯建立新的"联合合作委员会",建立全新合作伙伴关系。虽然没有其他海湾国家加入这一"合作委员会",但是不排除今后海合会内部发生变化的可能。对此,我们需要未雨绸缪,做好各种应对。

(三) 中国的活动要降低军事敏感度

考虑到"一带一路"在中东地区的顺利推进,作为危机非利益攸关方的中国,我们需要确保与各当事方都保持良好关系,在外交上、经济关系上维持一定的平衡,在中东政治与安全问题上中国所能发挥的影响比较有限,发挥协调的作用要视相关国家的态度而定。在发展与对立国的安全关系上,需要谨慎,避免任何卷入冲突方因使用中国军事装备而受到损失后指责中国。由于美军在卡塔尔的军事基地是其在海湾地区最重要的"军事支点",美国与诸多海湾国家的军事关系密切,军事基地分布在科威特、沙特、卡塔尔、巴林。所以,在推进"海上丝绸之路"倡议过程中,也需要避免触及美国军事敏感点,防止美压海湾国家挤压中国的经济活动空间。

(四) 确保各种合作项目不受卡塔尔危机影响

短期内要把经济合作的重点转到双边,但就原先已经谈妥的涉及海合会多个成员国的合作项目及由中国承包的在建工程项目,应该与各方进行协调,力争稳妥推进,个别存在困难的,可以暂时搁置。应该继续的合作项目包括:与沙特、阿联酋、伊朗等国达成的人民币结算石油的协议;在卡塔尔建设的新港口、一个医疗服务区、一条地铁线路和八个场馆。

(五) 可优先考虑谈判双边自由贸易区

在与海合会自由贸易区谈判无法如期推进时,可考虑先选择若干个国家启动双边的自贸区谈判,如美国就与阿曼、巴林分别达成双边自贸协议。但从长期角度看,即使卡塔尔退出,沙特、阿联酋等国仍维持海合会的存在,因此我们必须有一个与其合作的长期战略。除争取在断交事件告一个段落后尽快完成谈判自由贸易区协议外,双方可以共同推动发展战略的对接。在"一带一路"框架下,研究将海合会的经济结构多元化战略和中国提出的国际产能合作倡议结合起来,充分发挥双方比较优势,共同致力于"一带一路"建设。

(六) 深入探讨重点领域常态化合作机制建设

能源、金融、基础设施、产业园区、智慧城市是中海合作的重点领域,可考虑将能源合作与货币合作结合起来,探索石油价格定价的合作机制,将金融合作与基础设施建设结合起来,将产能合作与共同开拓第三方市场结合起来。中国应获得在海合会国家石油开采的准入资格,可参股或合作开发海合会国家石油项目。中国也应允许海合会国家到中国开展石油加工业务。海湾是全球最大的金融资本输出地,如阿布扎比的主权基金,有1万亿美元左右,我们宜同步与海合会及其成员国的皇室中负责资本运作的机构发展合作关系。

(七)需定位迪拜为交通港口枢纽连接合作重点

海湾国家位于欧亚大陆之间,是全球最大的能源产地,其地理位置和战略作用使其成为世界最敏感地区。阿联酋迪拜是辐射亚、非、欧的海、空运中心,迪拜的杰贝阿里自由贸易区吸引了全球很多500强企业去发展,它本身也是一个巨大的贸易集散地,自由港的集装箱吞吐量已经达到全球前三。因此,无论是"丝绸之路经济带",还是"海上丝绸之路"项目,涉及亚非欧的互联互通,我们就需要把迪拜作为交通港口枢纽连接合作的重点。

(八)补齐经济合作短板

海湾是全球最大的建筑市场,计划建设和正在建设的项目规模有2万多亿美元的规模,中国需要通过中-海经贸联委会和能源专家组对话等合作机制,确保多方参与那里的工程项目。与此同时,除建筑与建材市场外,要积极探索新商机,形成新的经济合作增长点。如食品零售、太阳能设备及LED照明,鼓励国内有实力的公司——尤其是民企"走出去",到海合会国家寻找商机。

中国国内一些过剩产业、对美欧出口企业、生产附加值高的新能源、新材料、环保节能和沙漠绿化企业,只要海湾国家自身是缺乏的,都可以适度向它们转移。因为从这些国家出口到欧美不需要配额,也不会遇到反倾销和制裁。海湾国家对一些质量上乘的消费品,有极大的市场需求和购买力。

(九) 提升品牌、服务与文化禁忌意识

对于缺乏品牌效应问题，宜加强对相关中国企业的引导和培训，将这种培训与企业自身在当地的运营经验相结合，使企业真正了解当地的市场需求，做到产品标准与对象国家的要求及时对接，同时兼顾对应国家的生活习惯、风俗禁忌等独特情况，做到了然于胸，真正生产出适合对象国家市场的产品。另外，在中国公司拥有品牌意识的情况下，还要引导注重售后服务、广告宣传和公关技巧。

(十) 加强人文交流

需促进社会层面的沟通理解，在增信释疑上多下功夫。文化合作领域的空白证明大有潜力可挖，这已成为"一带一路"推进能否成功的一个关键因素，民心相通应该是文化的重要发力点。通过扩大文化交流，需要对当地的法律、政策、宗教、文化、生活习俗、市场有更多的了解，为"海上丝绸之路"倡议实施提供发展动力，这样才能形成推动发展的合力。

(撰稿人：崔荣伟、刘鸣　上海社会科学院国际问题研究所助理研究员、研究员)

参 考 文 献

［1］李秀蛟：《俄罗斯智库专家对"一带一路"的评析》，《西伯利亚研究》2015年第3期。

［2］李建民：《欧亚经济联盟——理想与现实》，《欧亚经济》2015年第3期。

［3］李文佳等：《中美"新丝绸之路"战略比较分析》，《对外经贸》2015年第7期。

［4］林民旺：《印度对"一带一路"的认知及中国的政策选择》，《世界经济与政治》2015年第5期。

［5］欧亚经济委员会编：《欧亚经济联盟问答——事实与数据》，莫斯科，2014年。

［6］沈开艳等：《经济发展方式比较研究——中国与印度经济发展比较》，上海社会科学院出版社2008年版。

［7］孙培钧：《印度：从"半管制"走向市场化》，武汉出版社1994

年版。

［8］王斌：《试析巴塞罗那进程》，《欧洲研究》2004 年第 2 期。

［9］杨思灵：《"一带一路"：印度的回应及对策》，《亚非纵横》2014 年第 6 期。

［10］张立、王学人：《印度基础设施发展的问题、措施与成效》，《南亚研究季刊》2010 年第 4 期。

［11］张立群：《印度经济增长研究》，东南大学出版社 2009 年版。

［12］赵华胜：《美国新丝绸之路战略探析》，《新疆师范大学学报（哲学社会科学版）》2012 年第 6 期。

［13］中华人民共和国国家发展和改革委员会：《推动共建丝绸之路经济带和 21 世纪海上丝绸之路的愿景与行动》，2015 年 3 月 28 日。

［14］C. Raja Mohan，"Modi's Sagar Mala," *Indian Express*，March 11, 2015.

［15］Charu Sudan Kasturi，"India Wrinkle on China Silk-Jaishankar Speaks Out on Absence of Consultations," *The Telegraph*, July 21, 2015.

［16］Estefania Laso Tejero, *The Union for the Mediterranean: Theory, Challenges and Prospects*, VDM Verlag Dr. Muller, 2011.

［17］S. Gurpreet, "Khurana. China, India and 'Maritime Silk Road': Seeking a Confluence, Maritime Affairs," *Journal of the National Maritime Foundation of India*, Vol. 11,

No. 1, Summer 2015.

[18] Kristina Farrugia, *The Union for the Mediterranean: Building upon the Euro-Mediterranean Partnership and European Neighborhood Policy*, LAP LAMBERT Academic Publishing, 2010.

[19] Об утверждении Плана мероприятий по реализации Государственной программы инфраструктурного развития "Нұрлы жол" на 2015-2019 годы(关于批准落实2015—2019年"光明之路"基础设施发展国家纲要措施计划).

[20] Константин Сыроежкин: Геополитические проекты в Центральной Азии и роль Казахстана(康斯坦丁·西罗耶什金：中亚地缘政治项目与哈萨克斯坦作用).

[21] Послание Президента Республики Казахстан Н. Назарбаева народу Казахстана. 11 ноября 2014 г. НҰРЛЫ ЖОЛ - ПУТЬ В БУДУЩЕЕ(哈萨克斯坦总统纳扎尔巴耶夫2014年11月11日致全国人民咨文：光明之路——未来之路).

[22] Как Казахстан «двух генералов прокормит»: ЕАЭС пойдет по китайскому Шелковому пути(哈萨克斯坦如何扮演"一仆二主"：欧亚经济联盟沿着中国丝绸之路前进).

后　记

本书的文本基础来自两个课题,分别由中国国际经济交流中心上海分中心于2016年5月与2017年9月下达,即"'丝绸之路经济带'与相关区域合作机制研究"与"'一带一路'推进与周边区域组织对接合作构想"。

两个课题组的成员都是上海社会科学院国际问题研究所研究人员,他们均是不同区域问题的专家。参加前一个课题成员有:张健荣、廉晓敏、刘锦前、孙霞、虞卫东、朱硕晟、崔荣伟、吴其胜;参加后一个课题成员有:崔荣伟与吴泽林。

这些同志克服资料少、研究边界与定位规定严格、时间短、专业旨趣上差异大的不利条件,接受组织安排,发挥各自的学术优势,寻找资料,认真撰写,努力在"一带一路"对接的战略方向上为国家提出有参考价值、行之有效的思路。对于他们的辛劳与付出,本人在此表示由衷的感谢。

在他们完成初稿的基础上，笔者作为课题负责人与总撰稿人，对每一章的资料、观点、思路进行了较大幅度的增补、拓展与修改，最终形成了目前这本研究性的书稿。由于 2016—2018 年有两年多的跨度，第一课题完稿时间相对较早，而我国"一带一路"在海外发展也非常迅猛，所以，有一部分资料、发展情况与战略判断与当前的情况不尽相符。因此，冀望读者在阅读时能够辨明、辨析，同时给予指教，以望今后研究时能够进一步完善。

本书章节初稿撰写分工如下：

第一章：张健荣；第二章：廉晓敏；第三章：刘锦前；第四章：孙霞；第五章：虞卫东；第六章：崔荣伟；第七章：吴泽林；第八章：吴泽林；第九章：吴泽林；第十章：崔荣伟；第十一章：崔荣伟；第十二章：崔荣伟。

朱硕晟同志参加了课题撰写，由于他负责的那部分是有关美国奥巴马时期的"新丝绸之路计划"，内容上已失时效性，所以，最后没有收录于本书，对他的辛勤工作表示感谢。吴其胜同志虽然没有参与正式写作，但负责了第一课题的所有经费使用与会议协调工作，没有他的贡献，课题也不可能圆满完成。特此表示谢意。

最后还需要对中国国际经济交流中心上海分中心王战同志表示敬意与谢忱，正是由于中心与他本人对上海社会科学院国际问题研究所的信任，我们才能每年承接各式各样与中国对外战略、对外经济合作有关的课题，把我们研究人员的智识、研究才能转化为书面成果，奉献给国家与社会。

刘　鸣

2018 年 8 月 2 日

图书在版编目(CIP)数据

"丝绸之路经济带"与相关区域合作机制研究/刘鸣等著.—上海：上海社会科学院出版社，2018
 ISBN 978-7-5520-2433-3

Ⅰ.①丝… Ⅱ.①刘… Ⅲ.①丝绸之路－经济带－国际合作－经济合作－中国 Ⅳ.①F125.5

中国版本图书馆 CIP 数据核字(2018)第 185915 号

"丝绸之路经济带"与相关区域合作机制研究

著　者：刘　鸣　等
责任编辑：温　欣
封面设计：周清华
出版发行：上海社会科学院出版社
　　　　　上海顺昌路 622 号　邮编 200025
　　　　　电话总机 021－63315900　销售热线 021－53063735
　　　　　http://www.sassp.org.cn　E-mail:sassp@sass.org.cn
排　　版：南京展望文化发展有限公司
印　　刷：常熟市大宏印刷有限公司
开　　本：710×1010 毫米　1/16 开
印　　张：10.75
插　　页：2
字　　数：108 千字
版　　次：2018 年 8 月第 1 版　2018 年 8 月第 1 次印刷

ISBN 978-7-5520-2433-3/F・536　　　　定价：65.00 元

版权所有　翻印必究